ちくま学芸文庫

民俗のこころ

高取正男

筑摩書房

目次

V　座敷づくり　201

VI　民俗のこころ　263

民俗のこころ

I　変転のあと

旧奥州街道二本柳の宿（しゅく）――福島県二本松市渋川――

内省の学としての民俗学

民俗学は、すでに滅んでしまった習俗については、記録類にたよる以外にないけれども、その基本的なたてまえとしては、現行の民俗という、私たちが直接に見たり聞いたりできるものを、主要な研究対象にしている。そのなかには、実際に手で触れることのできるものもあるし、口で味わわなければならないものまで含まれるが、とにかく研究する相手が現代に生きている人であり、その人たちが保持している有形無形のものであるため、もっとも素朴な質問にはじまって、私たちのたずねかたの高さとか深さにより、返答はいく通りにも分化するし、無限に変化する可能性がある。

このことは、多くの人の指摘するとおり、民俗学に学問としての曖昧さを発生させる危険な因子になるものである。だが、一方、このことが研究するものに自己鍛練をたえず要求し、人間と、その生活の歴史というものに、眼を開かせる重要な力として作用する。

社会がこれほど近代化し、産業化してしまった現在、民俗学者の実施する調査はすでに落穂拾いの段階に入って久しく、研究の中心は、書斎のなかでなされる蒐集された資料の整理、デスクワークに移りつつあるという意見がある。民俗の調査を、蒐集される資料の客観的な質や量という点で評価すれば、こういう意見も一面の真実を語っている。明治の中期以降、民俗の学問が在来の国学的な尚古趣味や、懐古趣味の枠をやぶり、近代的な形をもって開始されたころ、産業革命の波は社会のすみずみまで十分に及んでいなかったし、その後も、近代以前の生活習俗を近代的な常識で変形させることなく、旧態のまま忠実に保持する老人たちが、数多く残っていた。そのあいだに、今となっては聞くこともできなくなった貴重な話が多く蒐集され、記録されている。しかし、こうしたものを読むだけでは、民俗事象のもっている特質、したがって民俗学の学問としての性格を、ほんとうに理解できないのではないかと思う。

不思議なめぐりあわせであるが、経済の高度成長ということがいいはやされる以前、昭和の三十年ごろまでは、明治二十七〜八年（一八九四〜五）の日清戦争以前の日本を知っている老人が、まだ健在である村も多かった。それが現在になると、明治三十七〜八年（一九〇四〜五）の日露戦争以前のことを語ってくれる老人も次々と亡くなり、へたをすると、直接の体験談としては明治の末から大正初年以後のことしか聞けない村も多くなっている。

日清戦争以前のことを知っているというのは、日清戦争以前に生まれたというのではなく、そのころまでに成年に近い年齢に達していたということである。それは産業革命の完了する以前の日本を知っているということであり、とくに山間や海辺の僻遠の村々では、当時はまだ自給自足のたてまえは濃く残留し、それにともなって旧来の村落共同体は健在で、老人が所属した「若者組」や「娘組」の組織も、青年団や処女会に改組される以前の古典的な姿をとどめていた。経済、社会、文化、信仰と、あらゆる分野で近代の国民生活とその文化の基礎となり、その原点になっている近代以前からの伝統的な生活習俗や文化は、まだ本来の姿と生命を残していたから、こういう老人に若いころの話を聞くことは、民俗をなるべく近代的な修飾や解釈の加わらないもとの姿でとらえようとするものにとって、まことに有益であったが、今から思うと、これが最後の機会であった。

こうした老人がほとんど姿を消した現在、経済の高度成長政策の結果として、機械化と省力化は僻遠の農・山・漁村におよび、人口の都市集中の激化している最中になされる民俗調査に、多くを期待することはできない。しかし、その一方、老人に昔の話を聞き、わずかでも、あるいは不完全でも、今日に残されている古くからの行事や習慣を直接に観察し、記録することのもっているもうひとつの意味、研究者自身にとっての質的な意味は、現在でもけっして減退していないと思う。

明治以後、私たちの体験した生活史上の変動も、本質的という点では前世紀末、明治二十年代に進行した産業革命の右に出るものはない。だがその後、なにもなかったわけではない。身辺を見回すだけでも第二次大戦をあいだにはさみ、開戦前に成年に達していた人とそうでない人、学徒動員や学童疎開などを経験した人とそうでない人、あるいは戦争をまったく知らない人たちとのあいだに存在するさまざまな断層は、日ごろ、いろいろな形で話題になっている。こうした変動が、それらのなかを生きぬいてきたひとりひとりの生活意識のなかに、微妙に反映しているのは事実である。ところが私たちは、自分自身に刻みつけられているそうした歴史の年輪ともいうべきものを、自分の力だけで自覚するのは困難である。年輪とは、もともと霜雪の跡であるにもかかわらず、それを刻まれたときの生活上の実感、ある時代から次の時代へと押流され、移らされたときの体験は、自分のことのばあい、時間のたつにつれて風化し、意識の表面から消えるのが普通だからである。

そうしたとき、関連するさまざまな記録類を読むことは、体験の風化を防ぐに役立つし、個人的な記憶を客観化することにもなる。けれども、おなじことを現実に生きて活動している人やものに即し、そのなかで見出すとき、そのことのもつ印象は、はるかに鮮烈である。大きくいって、通常の歴史の学問が主な研究対象にしている文献記録の類に示されているものは、つい最近に生起したことがらであっても、二度と繰りかえされることのない過去の事実である。われわれがどれほど眼光紙背に徹しても、そこに記されていることは過去の事実であり、それを読むものとの間には時間的にも空間的にも截然とした区別があるし、研究する主体と客体との別は明らかである。

ところが、村や町を歩いて老人たちから昔の話を聞き、実際になされている古くからの行事や習慣を観察することは、相手がどれほど古風をとどめた老人であり、あるいは行事、習慣であっても、おなじ日本人として共に現代に生きている人から昔のことを学び、おなじ日本人の行なっている行事や習慣をみることである。必然的に、こちらの質問のしかたによって先方の応答は無限に展開するし、研究する主体は客体のなかに入りこみ、客体はまた主体と重なりあって、両者のあいだに緊密な相互依存と交流の関係が成立する。その規模の深さと大きさは、書斎のなかでなされる文字に書かれた史料と研究者との対話などとよばれているものとは、比較にならない水準である。

歴史の原点をもとめて

したがって、こうしたなかで調査の相手や対象とのあいだに見出される断層は、そのまま研究者自身のなかに投影され、反芻されるし、連続する面にあってはなおさらである。たがいに共鳴しあう関係のもと、相手のなかにみられるものは他人事ではなくなり、それは私たち自身が由来している生活文化の歴史的原点につながり、彼我ともにその成員であるところの、民族の社会と文化の由来を実感をもって尋ねるための、具体的な視点を提供するものとなる。現在では、大規模な調査活動によっても、まったく新しい民俗資料の見出される可能性は、日増しに薄れているが、そうした調査のなかで、従来すでに知られていることの一層の確認と充実がなされ、あわせて調査者自身が民俗について考え、歴史を見る眼が開かれるということは、昔も今も少しも変っていない。民俗の学問は、研究者が実地に歩いて調査するということに重点を置いて考えると、単なる記載科学といったものの枠をやぶり、調査するものと、されるものとが、共に因って来ているところを明らかにしようという、内省の学としての性格を濃くするのは、ことの必然のなりゆきのように思われる。

もちろん、民俗の研究にはさまざまな形がありうる。民族学とか文化人類学とよばれるものの一環として、周辺諸民族との比較考察を踏まえてなされる日本民族とその文化の組成の問題などは、なかでも重要なものであるし、考えようでは、これも内省の学の一部をなしている。けれども、もっと直接的に、現在のわれわれは一体どこから出発したのかという問いかけは、繰りかえしなされてよいと思う。こんなはずではなかったという形で、近代の歪みのようやく顕著になりはじめた明治の末年以来、柳田国男氏によって礎石の据えられてきた日本民俗学は、当初から、こうした性格を多分に備えてきたとみてよい。民族固有の文化とか信仰という言葉がしばしば口にされるところに、それが示されている。それは、現実のわれわれの生活文化の直接的な出発点、日常の原点とよぶべきものがどこにあるのか、その本意はなにであったかを尋ねようとする意図の現われである。

この「固有」という言葉は、しばしば指摘されるとおり、民族というものを固定して考えさせやすい欠点をもっている。実際に民族の組成という問題を考えると、民族固有とよばれてきたものはいくつかの要素に分解され、それぞれ周辺諸民族のなかに親縁関係をもつものを見出し、いっさいが東アジア世界と西南太平洋地域、ひいては人類世界全体に解消する。しかし、にもかかわらず、民族の社会と文化が歴史的に形成され、存在してきたことは事実であるし、それを手のとどく範囲で明らかにしようとする意図は、ゆるがせにしてはならないと思う。

そして、こういう観点から民俗事象をみると、現在の私たちはどこから来たのかという形で、その原点を直接に求める気持が強いほど、一つの疑問が次々と新しい疑問を生み、一定の体系をもって全体を説き、解明しつくすことはむつかしくなる。柳田氏によって創始された日本民俗学が、一見して雑駁な内容をもち、個々の民俗事象にかかずらって、その味わいのみに耽っているかのようにみえるのも、その原因の一端は、こうした点にあるといえるかもしれない。

民俗を学び、あるいは民俗に学ぼうとするものが、ひとつひとつの民俗事象をこよなきものとして愛惜するのは、けっして遊び半分だからそうなのではない。逆に反始すべきところ、われわれの日常の原点とよぶべきものを求める心が熾烈《しれつ》であるため、かえって安易な体系化を拒否することもありうる。生活実感のともなわないものは、心の故里といえないからである。私たちは個々の事例のなかから帰納できるだけのものを抽出し、それを無限に積みあげながら進む以外にない。ことの本質は、完結した体系をもち、筋目だった叙述がなされるほど、その人自身の真実からも離れて行くような、そうした事柄に属しているかとさえ思われる。

もっとも、このようにいっても、ことをすべて無原則に運んでよいということにはならない。身近にあるもの、現に生きて働いているものを主要な材料とし、それを手がかりに昔を考えようとするとき、その材料とか手がかりになるものの吟味は、どうしてもしなければならない作業である。というのは、後世に伝えのこすため、あるいは後日の証拠のために記された文献記録の類、すでにこの世での生命を失い、地下に眠ってきた埋蔵文化財と総称されている考古学的遺物・遺跡の類や、芸術作品としてそれ自身で独立して永遠に生きる価値をもつ美術工芸品などと、民俗事象とは本質を異にしている。もちろん、このなかには浮世から完全に遊離し、隔離されてしまった老人の、まったく個人的な記憶になってしまったものもあれば、すでにこの世での役目を終え、納屋のすみに放置され、その存在すら忘れられている民具のようなものもある。だが、民俗学が主要な研究対象にするものの多くは、どれほど山間僻地の事例であっても、すべて今日まで受けつがれてきたものであり、明治以後のはげしい社会変動のなかを生きのびてきたものである。

残らされたもの

たとえば、この章の扉写真は、福島県安達郡安達町渋川（現・二本松市）の、字二本柳に残っている旧奥州街道の宿駅のたたずまいである。おなじ福島県にはもうひとつ、栃木県の日光街道を今市からわかれ、鬼怒川温泉から山王峠を越えて会津若松に向う会津西街道の、南会津郡下郷町の大内宿が二本柳よりも古い宿場のおもかげを残すといわれ、二本柳をおとずれて写真を撮った昭和四十四年の夏、文化庁による史跡保存の話が大内宿全体にもちあがり、村人のあいだに微妙な反響をよんでいることが、NHKテレビの「現代の映像」で報道されていた。

また、おなじころ、中山道《なかせんどう》木曽十一宿の一つである長野県木曽郡（旧西筑摩郡）南木曽《なぎそ》町吾妻《あづま》の妻籠《つまご》の宿で、近世後期の民家が二軒、県の手で買上げられて解体復元されたほか、湯屋も再現され、昔の宿場のたたずまいが復元されようとしていることが、新聞に載っていた。

妻籠では表通りの電柱も撤去され、町並み全体を昔風にする事業はその後も順調に進められているが（一九頁写真参照）、こうした例はまことにわずかなもので、ほとんどの宿場は、昔の姿を消してしまっている。そのいちばんはげしい地域は、東海道筋であろう。ここでは五十三次全部で百八十四もあった本陣、脇本陣のうち、現在もいちおう旧態をとどめているのは、滋賀県で三カ所、甲賀郡土山町（現・甲賀市）、土山宿の土山家、同郡石部町（現・湖南市）、石部宿の小島家、草津市、草津宿の田中家だけで、あとはすべて退転したという。古い宿場の姿など、なおさらである。

東海道は大名行列だけでなく、一般旅客や貨物輸送も他にくらべて格段に多かったから、宿駅はその仕事に専念するだけで経済が成りたっていた。そのため明治になって道路事情が変り、鉄道の敷設がはじまって在来の交通体系が一変すると、経済的な存立基盤を失って急速に衰微した。一方、それほど旅客輸送の活発でなかった街道筋では、宿駅の人たち

中山道妻籠宿入口の桝形茶屋と昔の敷石道

は平素から農業を営み、旅客や貨物の輸送は片手間の仕事であったから、旅客の利用がなくなると、大多数の人たちはそのまま農業に専念し、宿駅の景観は人通りが絶えたというだけで、それ以外に家屋敷のたたずまいに大きな変動の起らないばあいもありえた。

扉写真の二本柳などは後者に属し、ようやくにして残ったわずかな例の一つであるが、こうして古い姿を今日に残すことのできた宿駅は、それが幸せであったかどうかは疑問である。というのは、明治以後、衰滅させられた宿駅の払った犠牲は、もとより大きいものがあった。これらは江戸時代三百年ものあいだ、幕藩支配者の交通政策に支持され、周辺の村々に対して特権的地位を誇ってきたのだから、没落しても当然というのは少し酷である。むしろ早くから綿作などを開始し、商品作物の栽培とか小商品生産を通じ、率先して幕藩制の基礎を掘崩してきた村々が、明治の開国、外国綿の輸入などで打撃をうけ、あるいは藍玉の村が明治の末年以後、合成染料の進出で逼塞《ひっそく》を余儀なくされたのに匹敵するといってよい。しかしそうした経済事情の激変という類の苦境にあうことが少なく、昔のたたずまいを今日に残したところも、じっと動かずに、そこに坐りつづけてきたという点で、べつの意味での犠牲を強いられてきた。

二本柳についてみると、この宿が沿っている奥州街道も、明治になってから他の街道と同様に、それまで多く牛や馬の背に荷をつけて運んでいたのを、荷車や荷馬車、人力車の通れる道に改修された。その発端は軍隊のすみやかな移動、なかでも砲車や輜重隊の二輪の車輌を馬にひかせて通れるようにするのがいちばんの目的であったらしいが、そのばあい、車は坂道に弱いので、いつも急坂を避けて迂回路がつくられ、勾配がゆるめられた。そして、これが端緒となって、やがてはトラックやバスの通れるほどの道に仕立てあげられ、一部に路面の舗装もされるようになった。近年になって大規模なバイパスづくりのはじまるまでに、旧道にはこうした少しずつの改修がいくどにも施されてきたが、二本柳の集落などは、その当初から改修工事の施行圏外にあった。

旧道づたいに二本松の市街からおなじ安達町の油井を経て二本柳に向うと、自動車の通れるほどに拡幅され、舗装された道は二本柳の集落に入らず、その直前で右折していて、まったく改修の手の及ばなかった昔のままの道が、わずかの距離のあいだ、田圃のなかに残されている。明治の改修以来、人も物資も二本柳は素通りし、隣の油井や旧城下町の二本松に集中するようになったさまが、まざまざとうかがわれる。

扉写真にみるように、ここで古い宿場の景観がそのまま残ったのは、手厚く保護された結果ではなく、逆に見捨てられ、忘れられてきたから昔のまま変らなかったことが知られる。このことは、大内宿でもおなじだろう。この宿の沿っている会津西街道は、北関東の宇都宮と会津若松とを直結する道である。会津藩は家門筆頭の家格を誇る親藩で、東北地方に蟠踞する外様雄藩に対する抑えとして置かれていた。だから、会津西街道の大内宿は、会津藩が中央に向って開いた正面玄関にあたるだけでなく、会津藩で代表された東北全体の玄関口に位置してきた。

ところが、明治になって事情は一変した。中央にとっては会津盆地で行きどまりになるこの道よりも、東北六県のすべてと、北海道につながる奥州街道のほうがはるかに経済効果の高い道となり、鉄道もまた、この街道に沿って敷設されることになった。大内宿が時代の進展にとりのこされることになったのは、このときからであった。今になって集落全体を史跡として保存する話がもちあがっても、村の人がそれに抵抗を感じたのは理由のあることであった。

宿駅の景観ということ一つをとりあげてみても、昔の姿をよく残している例は、それなりに、早く衰滅した例とおなじほど重い歴史を背負っている。まして個々人の心意とか信仰に深いかかわりをもつ習俗ともなれば、なおさらであろう。現在の私たち、そして、父祖たちが直接の出発点とした近代以前の生活文化の実態を明らかにするため、さまざまな民俗事象を考察の対象にするとき、それらが明治以後に受けてきた大きな変動の跡を、私たち自身に直接かかわりあいのあることとして十分に吟味する必要がある。そうしたこともなく、漫然と古そうなものを蒐《あつ》めるだけならば、そこに描かれる歴史像は、反省の糧になることはないだろう。

荷車の道

それにつけても、ことを交通事情の変遷の問題にしぼり、そこから考察を進めようとするのは、けっして理由のないことではない。柳田国男氏は、その厖大な著作のなかで、十九世紀の末、明治中期になされた荷馬車道と鉄道の普及が人々の生活にあたえた影響の大きさを折りにふれて指摘し、ことの重要さを力説されている。氏は明治八年（一八七五）の生まれであるから、この変革を実地に体験し、交通手段の変遷、ひいてはコミュニケーションの体系の変化が人々の生活にどれほど大きな影響を及ぼし、近代化とはどういうことかという問題を、その初期の段階で省察する機会を持たれたからかと考えられる。感受性のいちばん豊かな青年時代の体験を、ながい生涯にわたって学問に結実された跡がうかがわれる。

明治になって全国的に改修工事がはじまるまで、日本の街道の貧弱さは、想像以上のものがあった。元禄三年（一六九〇）、オランダ東インド会社の医師として長崎の出島にやってきたドイツ人の医者で博物学者のケンペルとか、文政六年（一八二三）、おなじようにして日本にやってきたシーボルトなどは、西洋人の眼で当時の日本の実情を記しているが、彼らの見た日本は、ヨーロッパのように蹄鉄をつけた馬が颯爽と車をひく姿がまったくみられないということに集約されていた。道といっても、ほとんどが荷車や牛車、馬車の類の通行を考慮のうちに入れておらず、峠の急坂はたいてい敷石が階段のように敷かれていて、幹線道路といっても人や牛馬の通い路であり、道路とよべるものではなかった。

京都東山区山科日ノ岡（現・山科区日ノ岡朝田町）の京津国道改良工事竣工記念碑。左が旧東海道、右が新道。現在では新しいバイパスが別のところにつくられている。

もちろん、例外がなかったのではない。京都とその周辺には車借《くるまかし》とよぶ運輸業者が中世にあり、馬借《うまかし》とよばれて馬の背に荷をつけて運んだものに比べると数は多くなかったが、琵琶湖の西岸にあって湖上水運の要地であった坂本や、京都南郊で、淀川水運の要地であった鳥羽あたりと京都とを結ぶ線上で活躍した。

上掲の写真の記念碑は、京都市東山区山科（現・山科区日ノ岡朝田町）の、京阪電車京津線「日ノ岡」駅の近くにあるもので、昭和八年（一九三三）三月、京津国道改良工事の竣工を記念するものであるが、台座には「日ノ岡峠の車石」といって有名であったものがこのときの工事ですべて撤去され、そ

24頁写真の記念碑の台座に使われている車石。

の一部が記念に使われている。車石とは荷車の重量に耐えるため、上掲の写真のようにかなりの厚みをもった板状の石に凹字型の溝を刻んだもので、これを峠道に左右二列、車の幅に合わせて敷き、一種のレールにしたものである。ここは蹴上《けあげ》から京都三条へつづく東海道の終点近い幹線道路であるが、このほか京都の南郊には伏見の竹田街道、醍醐の南や相楽郡の木津にも車石があった。いずれも今日の言葉でいえば一車線の施設であったので、上りは午前、下りは午後というふうに一方通行の時間帯を設けて均等に利用できるようにしたと伝えられている。こうしたことは中世の車借以来の伝統があるからできたもので、他地方ではこうはいかなかった。

明治以前の京都の南北の幹線は、寺町や

室町《むろまち》、新町、堀川通などであったが、これらの道が御所の北の鞍馬口《くらまぐち》や寺ノ内通と交差する地点を、それぞれ寺町頭《がしら》、室町頭、新町頭、堀川頭などとよび、そこが京都の北の入口であった。こうした場所には、もとは「是より洛中、荷馬口付《にうまくちつき》のもの乗へからす」などと刻んだ石碑が建てられていた。それは、ここから北の洛北の村々の人が、ここを通って京都の町に野菜や薪を運び、帰りに便所の汲みとりをし、下肥《しもごえ》をもち帰った。そのとき、馬や牛の背に荷鞍をつけ、それに荷物をのせるものもあれば、車をひかせるものもあったが、郊外では馬の背に自分も乗ってやって来てもよいけれど、町に入ってからは、馬が暴れると危険なので、かならず下馬して馬の口をとって歩けというのである。大阪と近郊農村とのあいだでは、淀川流域のデルタに発達した水路が多く利用されたが、東京近郊ともなると、事情はだいぶ違っていた。

森銑三氏の『明治東京逸聞史』によると、いまでは東京都の中心にある代々木の町も、かつては東京近郊農村の一つで、この代々木村について、雑誌『郷土研究』大正二年（一九一三）十二月号の記事が引用されていて、

「代々木の経済革命は、荷車から起った。従来の大八車は、赤樫《あかがし》の木で造った重いもので、四人掛りでこれを牽《ひ》いた。その懸け声は、ホイハホイ〳〵ハであった。明治七、八年から十二年の頃にかけて、鉄の心棒、鉄の輪の荷車が出来、瞬く間に全国に普及し、

わが邦の農業史に、一エポックを作った。この辺でもこれがために肥料及び産物の運搬力を増したことは非常なもので、ために集約なる蔬菜農法を成立たしむる素地を作った。次にいふべきは、道路の改良である。最初は一車に二荷の肥料を積んだのが、路がよくなってからは、三荷、四荷と積んだ。しかも肥桶は、昔は二斗入りであったのが、二斗八升入りとなった。これは郊外の農業にとっては、まことに重大なる変遷であった。かくの如くにして、蔬菜生産は、大なる進歩をした。」

とある。

ここで肥桶とあるのは、町の家々から汲みとってくる下肥の容器であるが、富裕なはずの都市近郊農村といっても、東京近郊は畿内に比べて牛馬を飼う家が少なかったことが知られるし、道路も悪く、荷車も粗雑な構造で、車の心棒まで木製であったため、種油をいれた壺をさげ、ときどき停って心棒に油をさしながら、大きな音をたてて軋《きし》むのを、多人数で押した。こうした荷車の改良と、道路の改修を全国一様に推進し、従来の地域的不均衡を破って行くのが、明治十年代から二十年代（一八七七〜九六）にかけての大きな課題であり、それは鉄道網の建設に先行しながら、いわゆる産業革命を全国的に用意するものであった。明治の女流作家として有名な樋口一葉の父親の樋口則義が、明治二十一年（一八八八）に荷馬車請負業組合の設立をくわだて、まもなく失敗して失意のうちに病没したのも、時代の風潮の一つのあらわれである。

「武士の娘」の体験記

『武士の娘』という書物がある。著者の杉本鉞子《えつこ》は明治六年（一八七三）、越後長岡藩の家老職を勤めた稲垣家の末娘に生まれ、長じて東京に遊学し、兄の親友で、アメリカ東部で貿易商を営んでいた杉本松雄に嫁して渡米した。その後、夫君に先立たれた著者は、いちど帰国したあと再び渡米し、二女を育てながら文筆に親しみ、昭和三年（一九二八）に帰国するまで数年間、コロンビア大学で日本文化史の講座を担当したが、なかでも一九二二年（大正十一年）十二月から翌年十二月まで、雑誌『アジア』に連載された『武士の娘』は大きな反響をよび、七カ国語に翻訳されて、多くの読者を獲得した。

この書物は、題名から推測されるように、著者の自伝でありながら、より一般的な形で武士の家庭における伝統的な生活感情や、宗教意識といったものにも言及しているので、あとでもたびたび引用するが、この書によると、著者は明治十九年（一八八六）の春、数え年で十四歳のとき、婚約者の住むアメリカに赴く準備として、兄につれられて郷里の新潟県長岡を離れ、東京遊学の旅に出たとある。その道筋を追ってみると、長岡を出発する日に兄妹二人は二台の人力車を雇い、荷物をつけた駄馬を伴った。妙高山の麓を通り、五日目の晩に長野の善光寺門前の宿に泊ったとあるから、北国街道を利用したものと考えられる。その途中、駅々で人力車をかえたが、山道のため、馬に乗らねばならないところもあった。

馬は高い箱鞍をつけていたので、兄は馬子に手伝わせて二つの籠を馬の背に振分けにしばりつけ、片方の籠に荷物を入れ、もう一方に著者を坐らせた、とあって、曲りくねった山道からはるか彼方の漁村まで見渡すことができたとある。新潟県の刈羽《かりわ》郡と中頸城《なかくびき》郡の境、薬師さんで知られる米山《よねやま》の峠道のあたりのことだろうか。また、善光寺を出て浅間山麓の小諸《こもろ》をすぎ、次の追分《おいわけ》の宿で北国街道から中山道に入るころに雨になり、山道を人力車で越えることができなくなったため、やむなくきらいな駕籠に乗り、揺られて酔ったとある。現在は国道一八号線になっている中山道、以前も東海道に次いで旅客の多い幹線道路であったこの道も、長野・群馬両県の境の碓氷峠あたりは、当時はまだ十分な改修がなされていなかったことが知られる。

長岡を出てから八日目の夕方近く、群馬県の高崎に着いた鉞子は、ここではじめて汽車に乗り、三時間で東京に到着した。高崎で汽車に乗ったとき、なにしろ最初の経験であったため、つい家に入るとおなじ気持になり、プラットホームに下駄をぬいで足袋《たび》はだしで乗り込み、兄に叱られたと書いているが、この後、彼女の東京遊学中に道路は年々急激な速度で開かれ、夏休みごとに帰省できるようになったとある。きらいな駕籠や馬の厄介にならずに、人力車や馬車を乗りついで長岡まで行けるようになったということであろう。

そして学校も終え、いよいよ渡米する日も近づいて暇乞いに帰省したときは、かつて「陸《おか》蒸気《じょうき》」とよんで珍しがった汽車も長岡まで開通しており、はじめて上京したときの八日の旅は、わずか十八時間の汽車の旅になっていたと書かれている。

くわえギセルの荷車ひき

明治二十年（一八八七）前後になされた交通事情の大きな変動は、実際にそのなかに生きた人でなければ、実感をもって把握できないような、そういう性格のものであったかと思われる。

というのは、昭和三十七年の夏、京都府下の丹波高原の中央部、船井郡瑞穂町（現・京丹波町）の旧檜山《ひのきやま》村の橋爪というところで、ひとりの愉快なおじいさんに出あったことがある。そのころ八十歳といっていたこのおじいさんは、もともとたいへんな煙草好きで、片時もキセル（煙管）を手から離すということはなかった。若いときから、この地方の集散地で、園部藩二万七千石の城下であった船井郡園部町（現・南丹市）の問屋まで、村から十五〜六キロの道を、牛にひかせた荷車に米を積んで売りに行ったが、当時、家から出がけにキセルにつけた火種を、園部の米問屋の店先まで消さないで行くのが自慢であった。

日本のキセルは西洋のパイプとちがい、火皿が小さいので、二、三回も吸えば新しい葉を詰めかえねばならない。そのとき、掌のうえに吐きだした吸いがらから、詰めかえた新しい葉に火を移すわけであるが、これを歩きながら、それも右の腕で二輪の荷車のカジ棒をささえ、同時に右手に手綱をもって牛を追いながら、左手だけで連続してやってゆくのである。おじいさんは、半信半疑の顔で聞いている筆者の前で実演してみせ、左手だけでもキセルの煙草を連続して吸えることを証明してくれた。そして、若いときには、友だちといっしょに園部まで荷車で行くときは、たいていはこうした芸当を自慢しあい、途中で失敗したら、帰りは米を売った代金やら駄賃のなかから、一杯おごったりしたということであった。

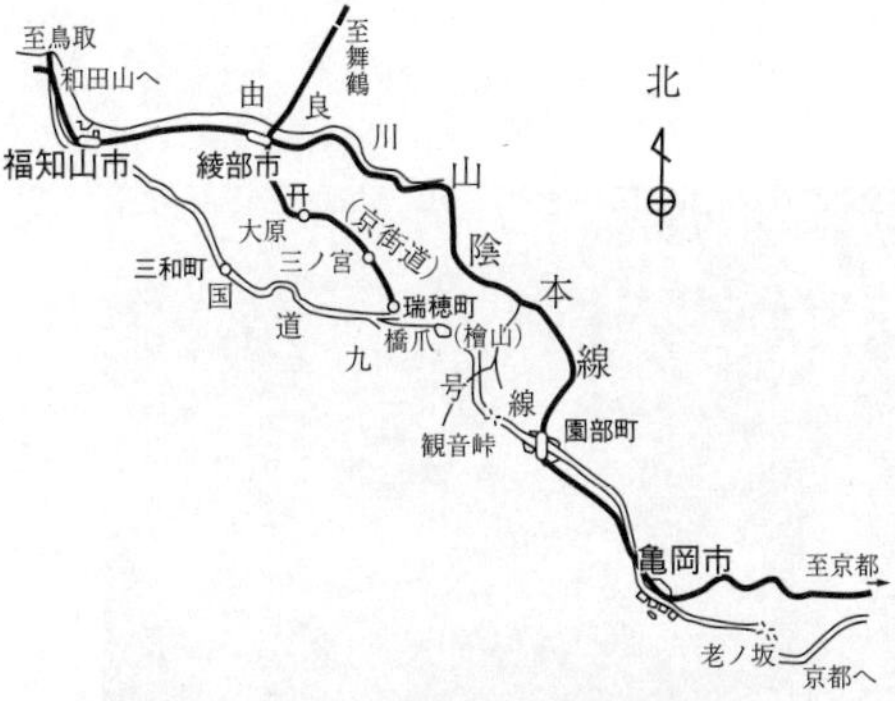

綾部市—園部町付近略図

　檜山村（現・京丹波町）から園部へ出る道は、今では完全舗装の国道九号線に生まれかわっているが、その途中には観音峠とよぶ相当な急坂があり、丹波高原での南北の分水界になっていて、二車線のために車が混むときは、自動車でもかなりのギヤーさばきを要する。まして、この道は昔は山陰道のバイパスとして、福知山や綾部、宮津、田辺（舞鶴）の町と京都を結ぶ重要な街道であっ

京都府天田郡三和町大原字町垣内にある
旧道と新道の分岐点。左の家は最近まで
旅館業を営み古い看板が下がっている。

たが、明治の改修以前は道幅が一メートル半ほどの険阻な山道であった。三二頁の写真の正面左手の坂道は、旧檜山村の橋爪で福知山へ向う国道九号線から分れ、三ノ宮を経て綾部に通じている旧道の一部で、土地の老人がいまでも京街道とよび、綾部の殿様の九鬼侯が、参覲交替のときに通った道といっているものである。

場所は綾部の南約八キロ、峠一つ越した天田郡《あまた》三和町《みわ》（現・福知山市三和町）大原の、町垣内《まちがいち》というところである。町という名が示すとおり、街道に沿って両側に一列に家並みがそろい、小さな宿場風の集落で、写真の道の左側の家は近年まで旅館を営み、軒には古い看板が下がったままになっている。丹波や丹後は昔から冬場の出稼ぎの多いところで、灘や伏見の杜氏《とうじ》とよばれた酒造りの職人は、多くこの地方から冬の酒造りの季節だけ働きに出た人たちであった。この大原の町垣内は、明治四十三年（一九一〇）に京都からの鉄道が綾部まで開通して客をそれにとられるまで、とくに秋の収穫をすませてから伏見の酒屋へ働きに行く人たちが、十人、二十人と親しい仲間同士で組をつくって通行し、泊って行った。

現在では人通りも少ない過疎地となり、行商人相手に一軒だけあった旅館も廃業したが、写真の坂道と分れて右手に曲っている平坦な道は、綾部からここまで来ている定期バスの折返し点で、岩を削って作られた新道であり、近年に自動車の通れるように整備、舗装された。これに対し、左手の急斜面をのぼる坂道が、旅人の歩いて通った時代の道である。

そこが、たまたまこの地の産土神《うぶすな》である大原神社の参道を兼ねていたため、ここだけに古い姿が残ったわけであるが、綾部からの京街道は、もとは全部がこれくらいの道幅で、集落をはずれると、たいていこうした急坂の連続となり檜山村に向っていた。とすると、そこから園部へ行く途中の観音峠も、以前はくわえギセルで牛に荷車をひかせ、のんびり通れた道ではなかったはずである。

昭和三十七年（一九六二）に八十歳というと、数え年なら明治十六年（一八八三）生まれのはずである。このおじいさんがいろいろ話してくれたとき、もしも十年ほど年長の、『武士の娘』の著者とおなじ明治六年（一八七三）ぐらいに生まれた老人が横にいてくれたら、道路の改修される以前、観音峠を天秤棒で荷を担い、あるいは牛や馬の背に荷をつけて越した話を聞かせてくれたろう。家に帰ってからメモを整理してみると、殿様の代官として村に住んでいた侍が維新後に没落し、逼塞していたことなど、あのおじいさんは鮮明な記憶をもって古いことを随分と教えてくれたのに、観音峠のむかしの姿については語ってくれていなかった。

日常事は忘れがち

明治維新のもたらした社会的変動、士族の没落といったことは、たしかに大事件である。斬捨て御免の特権をもって威張っていた武士が、尾羽うち枯らした姿になったのをみたとき、あのおじいさんの親の世代の人たちは、昔を知っているだけに、口に出したかどうかは知らないが、おそらく快哉を叫んだにちがいない。それが子供心に敏感に反映し、さまざまなエピソードがあのおじいさんの脳裏に焼付いたと考えられる。しかし、村に住んでいた一人の侍が貧乏し、逼塞したということは、あのおじいさんにとっては他人事のはずである。それなのに、そういうゴシップの類は鮮明に記憶していても、もっと日常の、おじいさん自身の生活に直結している峠道についての話題、その改修前と後とのちがいといった話がおじいさんのほうから積極的にもちだされなかったのは、おじいさんが若衆時代にあの峠を越したときは、すでに改修工事が完了していたためと考えるほかにない。

このあたりに、私たちが自分の歩んできた道をふりかえり、歴史を考えるときの盲点があるように思われる。なにか非日常的なこと、特別の事態は、それだけで人の噂になり、つまらないゴシップでも記憶され、意味ありげに語り継がれる。だが、たがいに自分自身のこととして平凡な日常生活に密着することは、直接に体験し、身をもって知ったことは自分だけの記憶として生涯忘れないとしても、直接関与する以前にことが完結し、完了していたものについては、意外に関心がうすい。人々は、それを生活のための所与の条件として何気なく受取ってしまい、それがどのような苦難のうちにつくりだされたものでも、山がどうなっているとか、川がどちらに流れているといった自然の条件などと同列のもののようにあつかわれ、ことさら記憶しようとしたり、他に伝えようとする関心をよばないものになる。歴史の年輪はこのあたりから風化し、空洞化しはじめるのではなかろうか。ともすると人々が見落す日常平凡なことがらのなかに、かえって歴史の本質にかかわるものの隠れていることを見出し、その意義を強調された柳田国男氏が、明治中期に進展した交通事情の変化の重要さをことあるごとに説かれた理由も、このあたりにあると思われる。私たちは、近年、経済の高度成長とよばれる状況のなかで、従来の国鉄に対する新幹線とか、一般国道に対する高速自動車道の開通という事態を体験した。その実感をたいせつに持ち、そのうえで明治中期に進展した交通事情の変動をふりかえってみると、ことはけっして他人事ではなくなる。その実態は忘れられているけれど、断片的な話を集めてみると、私たちの日常的な生活文化のなかで、近代以前と近代とをわける断層は、このときをもって創りだされはじめたことがうかがわれ、日常の原点をさぐる作業は、これを踏まえてなされる必要のあることが知られる。

消えていった地域差

徳冨蘆花の『みゝずのたはこと』のなかに、明治の末年、一九一〇年ごろの東京郊外の甲州街道について、つぎのような描写がある。

「夏は経木真田《きょうぎさなだ》の軽い帽、冬は釜底の帽を阿弥陀にかぶり、焦茶毛糸の襟巻、中には樺色の麁《あら》い毛糸の手袋をして、雨天には蓑《みの》笠姿で、車の心棒に油を入れた竹筒をぶらさげ、空《から》の肥桶《こいおけ》の上に、馬鈴薯、甘薯の二籠三籠、焚付疎朶《たきつけそだ》の五把六把、季節によつては、菖蒲《あやめ》や南天小菊の束なぞ上積にした車が、甲州街道を朝々幾百台となく東京へ向ふて行く。午後になると、両腕に力を入れ、前屈《かが》みになつて、揉みあげに珠の汗をたらして重さうに挽いて帰つて来る。」

甲州街道は、江戸時代に五街道の一つとして道中奉行の支配をうけ、幕府直轄の甲府と江戸とを結ぶ幹線道路であった。途中に設けられた内藤新宿が今日の新宿の町のはじめであるし、昭和三十九年（一九六四）の東京オリンピックのときにマラソンコースに選ばれて有名になったが、この道は明治になっていち早く改修され、東京神田から府下の八王子まで、乗合馬車が三時間半で通った。しかし、これを利用する農家の荷車は、明治の末から大正になっても、多くは上記のような姿であった。先に紹介した丹波の山村といってよい京都府船井郡瑞穂町橋爪の、明治十六年（一八八三）生まれのおじいさんが、日露戦争のころ（一九〇四〜五年）に米を積んだ車を牛にひかせ、友だちとキセルの片手吸いというのんきな芸当をしながら、観音峠というかなりの急坂をこえて園部の町に通った話とくらべると、事情はだいぶ異っている。

東海道線で東京に向う途中、浜名湖をすぎるころから田圃一枚一枚の大きさが、耕地整理のすんでいない部分で急に狭くなることが指摘され、これは近い時代まで牛馬耕が普及せず、もっぱら人力にたよって耕されてきたため、田圃の大きさもそれにあわせて小さく区切られてきたといわれている。早くから畜耕の普及した畿内と、そうでない地域では、さまざまな点で違いがみられたが、明治になって道路の改修が進められたのち、そこをのんびり牛に荷車をひかせて行くものが多かったか、額に汗をして車をひくものが多かったかということなども、両者の差違のうちで大きなものにあげられるだろう。

篠田鉱造氏の『明治百話』のなかに、

「(東京)浅草の天王橋(今の須賀橋)の橋ぎわは、ズット広く地面を取って、昼前はお蔵から俵米の運搬車で、大混雑を極め、ごった返す土地ですが、午時《ひる》頃から片付いてしまう。ソレまでは俵米を運ぶ車力たちが、威勢よくかけ声をしたもので、普通の往還でもずいぶんかけ声をしましたが、ここはまた格別、そのかけ声たるや、エンサカホイ、ソレサカホイ、またヤレキタホイと、前引と後押と、調子を合せて叫んだもので、景気のいいものでした。今やったら狂人沙汰ですが、アノかけ声はそう悪くなかった。ソレがだんだん遠去って行く、声の消えて行くのが、いいもんでした。」

という話が採録されている。九段の坂下などには、いつも仕事にあぶれた人たちが立って

京都市上京区室町小学校玄関横に移
されている「是より洛中……」の碑。

いて、重い荷物を積んで坂道で難渋している車の後押しをしてわずかな礼銭をもらうことがあり、そうしたわずかな報酬をめあてに坂下に立っている人たちのことを「立ちん坊」とよんだと伝える。

第二次大戦の前までは、荷車の後押しをする姿は小学校の修身の教科書の挿絵だけではなく、実際にいくらでも見ることができた。モータリゼーションの完成した現在では、人が荷車を使って重量物を運搬する姿は、はるか遠い過去のことになってしまったが、そこには、われわれの忘れてしまった、さまざまなことがまつわりついていた。おなじ都会でも、先に記したように「是より洛中、荷馬口付のもの乗へからす」などと刻んだ写真のような石標を市街地の入口に立てていた京都と、江戸の町を引継いだ明治初期の東京とは、事情もだいぶちがっていた。このことは、農村部ではさらに顕著だったろう。

そして、こうした地域差の現象は、近代以前の社会と文化全般のもっていた本質的な属性であり、私たちの身体に刻まれている歴史の年輪は、なによりもまず、こうした地域差からの離脱の過程として、明治以来、いく層にも積みかさねられてきている。別の表現をするならば、それは私たちが伝統的な地域社会とその文化から、いくたびにもわたって切り離されたときの傷痕ともいえるものであり、そのような事態は、明らかに近代的なコミュニケーションの方式、地域差を度外視し、抹消してしまおうとする交通形態、ないしは情報伝達のシステムの出現によって引起されてきた。

中間をカットした交通形態

渡辺久雄氏の『忘れられた日本史』という書物は、「歴史と地理の谷間」という副題がつけられているが、そのなかに、要約すると次のような一節がある。

いたるところの鉄道が電化したり、ディーゼル化したりする以前、十数年前までは学生をつれて旅行するとき、いつもこんな注意をした。汽車の旅をして煤煙に悩まされないようにするには、川の流れている方向に注意しなさい。列車が川を直角に横切っているあいだは、平野のまん中を走っている証拠だから、窓をあけていてよろしい。川の流れに沿って走りはじめたら要注意、とくに流れにさからって走っているばあいはトンネルのなかも上り坂となり、列車の速度は落ちる。機関車は蒸気の圧力をあげるため、余分に石炭を焚くから、油断すると煤煙でまともにいぶされる。窓はあらかじめ閉めておかなければならない。逆に、川の流れとおなじ方向に走りはじめたら、トンネルのなかも下り坂になるし、それほど警戒しなくてよろしい、というのである。

渡辺氏はこうしたことを記されたあと、こんなこともいまでは昔話になった。有難いことにはちがいないが、どうも列車内があまり快適になりすぎて、おかげで学生たちが川の流れなどに注意しなくなってしまった。以前は分水界を越えるのが、ひとつの喜びであった。下り坂になれば窓をあけ、車外のきれいな空気をいっぱい吸うことができたからで、それだけ川の流れる方向に敏感であり、それが河川自体を観察する機会にもなった。新幹線に乗ると、あっというまに東京まで運んでくれる。便利にはちがいないが、味もそっけもなく、川もトンネルも騒音のなかにすぎ、そこには「旅」という文字はなくなって、「ビジネス」という言葉だけが残っている。昔の旅はなんと楽しかったことかと、感慨をのべていられる。歴史地理学を専門にしていられる学者として、当然といえるだろう。

身近の学生諸君に郷里からでてくる途中の駅の名をたずねても、せいぜい特急の停車駅の名を記憶している程度で、それ以上のことを知っている人は少ない。どこそこの駅の近くの堤防の桜並木は美しいとか、ある駅は、近ごろ百貨店が併設されたと聞くが、どのように改造されたかなどとたずねても、まず返事はかえってこない。これにくらべて、筆者の学生時代は戦中、戦後の窮乏期で、列車はすべて低品位炭しか焚かない各駅停車であった。一駅ずつ指折り数えて通るから、いやでも駅の名や、そのたたずまいを記憶することになる。

こうして育ったものにとっては、「旅」は家を出るときからはじまるし、列車の窓からみえる景色は、栽培されている稲の品種や生育の度までみわける能力はないが、関心をもたざるをえない。ところが現在の学生諸君は、史跡見学などでいっしょに旅行に出ても、列車に乗ると同時に週刊誌の類を読みふけり、友だちとゲームやオシャベリを楽しみ、窓外の景色にはまったく無関心で、ふだんの教室での休み時間と少しも変らない。この人たちにとって、旅行とか見学というものは、目的地に着いてからはじまるものらしい。

こうした風潮を、私は近代に特有の中間カットの交通形態、ないしは情報伝達のシステムなどとよぶべきものの、もっとも顕著な現われではないかと思っている。

たとえば、国鉄の列車ダイヤは毎年十月一日に改正されるのが例になっているが、とくに近年は、改正のたびに特急や急行列車の走行距離がいちだんとふえ、普通列車のそれが相対的ばかりか、絶対的にも減少してきた。国鉄関西支社管内を例にとると、昭和四十年十月一日に改正されたダイヤでは、特急は一万四、二四三・二キロ、急行は五万五、一六八・二キロ、普通は一六万三、〇一〇キロ走っていた。それが四十六年秋の改正では、特急が二万五、八八一・二キロ、急行は六万〇、三九五・四キロ、普通は一六万二、二六七・七キロになっている。つまり、特急は八一・六%、急行は九・五%もふえたのに、普通列車は逆に七四二・三キロ、〇・四五%の減になっている。普通のなかには急増している大都市周辺の通勤電車がふくまれているから、普通列車の名にふさわしい昔ながらの長距離各駅停車は、徹底的に減らされていることになる。特急停車駅の名しか知らない学生が、このごろ急にふえてきたのも、当然の現象といえるだろう。

こうした国鉄ダイヤの編成は、国の産業化と人口移動に対応する経営の近代化と合理化の所産としてなされるものであるから、おなじような現象は、国鉄路線のつくりかたにもあらわれている。たとえば、東海道線東京・大阪間の約五五〇キロのうち、新幹線は一割三分がトンネルになっている。これは丹那トンネルもなく、箱根山の北を迂回する御殿場線を使っていた時代の旧東海道線にくらべると、桁ちがいの割合になっているが、山陽新幹線ではさらにこの割合がふえる。大阪・岡山間の一六五キロのうち、トンネルの数は三四、世界第三位で日本最長の六甲トンネル一六・二キロをふくめ、トンネル部分は合計して、五七キロ、全体の三割四分に達している。また、万国博で発表されたリニアモーターによる第二東海道新幹線が建設されると、東京・大阪間五五〇キロのうち、四割がトンネルとなり、トンネルでない部分もプラスチックのトンネル型のカバーでおおい、どんな天候でも規定のスピードで走れるようにするといわれる。列車は速度を増すほど、雨や風、雪など気象条件の影響をうけやすいからである。

このようなものになると、列車は完全に走る密室となり、客間になってしまって、乗客にとって窓外の移りゆく景色などは、まったく目に入らなくなる。乗っていても、移動感とか旅行しつつあるという実感が消滅し、眼をつぶって呪文を唱え、一定の数をかぞえると、いきなり別世界に出るという童話が実現するわけである。だが、ここで私たちにとって大切なのは、乗物の近代化と合理化が進むにつれ、窓外の景色に関心をもつ人が次第に減りはじめたこと、目的の場所に着くまでの沿線の景色など知らないのがあたりまえとなり、気にもかけないのが普通という風潮が、すでに現われはじめているという事実ではなかろうか。われわれの身辺には、トンネルでない部分までプラスチックのトンネル型のカバーでおおうという、リニアモーターによる東海道第二新幹線を建設する杭打ちが、すでに精神の面ではじまっている。私たちは、以前のように、家を出るときから旅がはじまるのではなく、できるだけ便利な乗物を利用して中間を省略し、目的地に着いてからやっと旅のはじまる人たちが、次第にふえつつあることに注意する必要がある。

近代に特有の、中間をカットする交通形態とか情報伝達のシステムというとき、交通機関や情報伝達の手段は、近代化が進むほど出発点と到着点、ないし発信地と受信地とを時間的にも空間的にも直結する方向に進むというだけでなく、そうした事態を肯定し、支持し、あるいはそれに馴らされ、べつだん不思議に思わなくなるという、私たちの心のもちかたの変化まで含めて考えなければならない。歴史の発展とか世相の変遷などというと、社会体制とか生活環境といった言葉であらわされているような、いわば自分自身のことは除外した外界における状況の変化だけで、話がすんでしまいそうである。そうした状況と対応するなかで、ほかでもなく私たち自身がしらずしらずのうちに、ものの考え方とか生活態度などを含めて、内側から全般的に変ってきたこと、いつのまにか変らされてきたことを反省しないと、ことは本当の歴史にならないと思う。

文明に飼育される

自動車の排気公害が社会問題になりはじめる直前のころ、「深夜の国道に男の眼」とか、

「走るというより飛ぶ感じ」「充実した男の車」といった言葉が自動車のセールスに使われ、新聞広告などでおめにかかった。スピードと野性、男らしさといったものに焦点をあわせたこれらの宣伝文句は、デラックスな乗物にのせられ、ていよく運ばれてしまうことに対する人々の抵抗感、とくに若者特有の一匹オオカミ的な感覚を掘りおこし、それをセールスのポイントにしようとしたのかもしれない。

自動車を運転して長距離旅行をしてみると、朝はつとめて早く、街道の混雑しないうちに宿を出発し、身心の爽快な午前中にできるだけその日の旅程を消化し、夕方は日の暮れる前、早目に予定の宿に着き、馬の手入れをすませてから風呂に入り、夕食をとるという、昔の馬を使った旅行者の心得がわかるような気がする。馬ほどでないにしても、自動車も疲れを休ませ、手入れしてやらないと機嫌よく走ってくれない。昔の武士が乗替え馬を用意したように、ドライバーも、簡単な取替え部品と工具は持参すべきである。

だが、現代のドライバーは、いくら一匹オオカミを自認して旅に出ても、馬に乗って山野を跋渉するようなわけには行かない。通れる道は限られているし、高速道路に入れば、一定の速度で道路標識の指示するまま、次のインターチェンジまで、ひたすら走らなければならない。自動車に乗るということは、一見して自由な選択のようでありながら、結果的には近代の機械文明の一環に、より強く繋がれることをも意味している。おなじように、私たちは明治以来、外圧に抗して自ら近代をつくりだし、あるいはつくりだそうとつねに努力してきたと自負している。だが、私たちのなかには近代以前から持越してきたものがいっぱいあるうえ、自身でつくりだしたつもりの「近代」に飼育され、飼いならされていることも、率直に認めねばならない。

歴史を変革するとか、変革の主体といった表現が用いられるが、その主体自身が流動し、転位してやまないのが真相といえよう。私たちの日常にはある種の磁場のようなものがあって、それがしらずしらずのあいだに私たちの行動を規制し、変質させている。本人は真直ぐに歩いているつもりが、磁場の作用で枉《ま》げられているかも知れない。さまざまな引力や斥力に支配され、曲ったまま進んでいるのではないかと不安に思うのが、人として本当ではなかろうか。ひろく民俗事象とよばれているもの、日常平凡な生活の場でなにげなく行なってきていることを凝視するのは、こうした磁場の検出をきびしくしながら、われわれのよって来ている原点と、その本意を探るためであるが、なかでも明治以後の交通事情の変遷をふりかえると、この思いはいっそう明らかになる。

明治二十二年（一八八九）七月、国鉄東海道線が全線開通したときの列車時刻表をみると、東京新橋から神戸までの駅の数は七十三、今の百四十の約半分で、一日に上下各七本の列車のうち、全線直通は夕方に出て翌日の昼すぎに着く一往復だけで、その所要時間は上りが二〇時間と一〇分、下りがおなじく五分というノロノロ運転であった。全線直通の列車が一日に一往復しかないのは、東京と京阪神のあいだを往復する客が、それだけ少なかったことを物語っているようだが、ことはかならずしも、そうではなかったらしい。たとえば夏目漱石の小説『三四郎』を読むと、主人公の三四郎は東京大学入学のため上京するとき、べつだんの用もないのに名古屋で途中下車し、駅前の旅館で一泊している。

名古屋城の旧本丸は、明治維新後、昭和の初年まで皇室の離宮になっていた。三代将軍家光の上洛にあたって建てられたという本丸御殿は、昭和二十年(一九四五)五月に天守閣とともに空襲で焼失したが、かつて離宮として実際に使われていた時代には、即位式などで天皇の京都行幸があると、ここで一泊の例になっていた。おなじように、明治のころ直通列車に乗っていっきに東京あるいは京阪神に向った乗客は、急ぎの用をもつ人か、旅費を節約しなければならない人であったらしい。時間的にも経済的にもゆとりのある人は、名古屋あたりで途中下車し、身体を休めながら往復するのが普通であったらしく、名古屋駅の近くには、以前はそういう客を泊めるための高級旅館が、いわゆる駅前旅館の形でならんでいた。名古屋駅は、明治十九年(一八八六)、笹島駅の名で旧城下町の西、当時は愛知郡広井村笹島とよばれていた田圃のなかにつくられたのをはじめとするが、さっそく駅前の水田を埋めて建てられたのが、これらの旅館であったという。

東海道線が全通する以前は、通過客が途中下車して一泊するということはなかったが、駅から遠く離れたところに住む人が、乗車前の少憩に使うことが多かった。具体的にいうと、駅まで人力車で来た人は、文字どおり一服しただけであるが、歩いてきた人はここで草鞋《わらじ》をぬぎ、足を洗って下駄にかえ、たくしあげた着物の裾をおろして塵を払い、街道を歩く伝統的な旅姿から、汽車という近代的な乗物にふさわしい服装に改めた。有名な神社や寺院の門前の旅館が、参詣者たちによって服装を改め、一息ついたり食事するのに使われたのとおなじことが、駅前旅館でなされたわけである。それのもっていた機能は、相撲茶屋とか芝居茶屋とよばれるものと、おなじといえるかも知れない。

停車場を「駅」とよばず、わざわざ「すてんしょ」という英語訛りの言葉が使われた時代、汽車は近代文明の象徴であり、それに乗るのはハレの行為であった。人々は乗る直前に服装をととのえ、気分をあらためるための間《ま》を必要としたといってもよいだろう。そして、乗りこんだ列車は今にくらべて速度も格段に遅く、車体の構造も粗雑で、乗客の疲れもはげしかったから、途中下車して休息しないではおれなかったのだろう。当時の客車はマッチ車とよばれ、コンパートメントといって小部屋に仕切られ、現在のように自由に車内を通り抜けることはできず、各部屋ごとに出入口があって、ホームから直接に乗降するようになっていた。『武士の娘』の著者がホームに下駄をぬいで乗込んだというのも、客車のこういう構造にもとづいている。だから、車内にはもちろんトイレの設備はないし、用は駅に停るごとにすませた。停車時間もそれほど長く、ゆっくりしていて、人々は旅情を十分に満喫しながら汽車の旅をした。

東海道線の全通した明治二十二年（一八八九）に生まれた、あるおじいさんから聞いた話である。そのおじいさんが商業学校を卒業して織物会社に就職したのは、明治の末年であった。そのころ商業学校出のサラリーマンといえば、いまの大学出よりはるかに希少価値をもっていたが、入社して最初にやらされた大仕事は、会社の慰安旅行で、女工さんたちを京都見物と本山参拝につれてゆく役だった。相手は生まれてはじめて汽車に乗ったような世間知らずの娘ばかり、客車の構造は上記のようなマッチ箱、おじいさんは汽車が駅に停るたびにホームに降り、客室のドアーを一つ一つあけては中をのぞきこみ、汽車に酔って気分の悪いものはいないか、駅のトイレを使いたいものはないか、あればこれを案内してやって、乗り遅れのないようにと気をつかい、それこそ大汗をかいて大車輪で走り回った。現在のように車内に通路があって、走行中でもひと目で車内を見わたせる構造になっていても、たくさんの生徒を引率して修学旅行に出られる先生方の気苦労は、ひととおりではない。おじいさんの経験した忙しさは、たいへんだったと察せられる。

いつも商用で東京や大阪と往復し、汽車に乗りなれた人たちは、夜行列車を利用するとき、ケットなどとよんだ膝掛けを少し大きくしたくらいの、格子縞などのかなり派手な模様の舶来毛布をもって行った。夜になるとそれを膝にかけ、それにくるまって寝た。旅行用のカバンやトランクには、洗面用具や着替え、寝間着のほか、このケットまで詰めこまれていたから、汽車に乗る人の荷物は、現在のわれわれの想像する以上に大きなものだった。洗面用具も準備せず、必要書類だけをもった、ほとんど手ぶらといってよい今日のサラリーマンの手軽で気軽な出張姿は、交通機関の発達と、旅館の近代化の結果として現われたものである。以前は汽車に乗るということは、よほど旅なれた人でも、特別の気がまえと用意のいることで、もとは駅前の旅館で一服し、いよいよこれから汽車に乗ると、自分にいいきかせて乗ったわけであるし、そうした気がまえは、持参する荷物の大きさで示されていた。駅ごとに赤帽とよぶ乗客の荷物を運ぶ人が多くいたのも、それだけ利用者があったからである。

土着性を失わせていったもの

現在、特急に乗りなれた人たちは、列車が駅に停るたびに窓をあけ、気のむくままに土産物や駅弁を買った時代をなつかしがっているが、もとはそれどころでなかった。汽車の旅はもっと悠長なものであると同時に、汽車に乗るということ自身がずしりと重い意味をもち、「旅」そのものということを、人々に印象づけていた。汽車はかりそめにも不用意、無準備で乗るものではなかった。しかも、このような汽車の旅でさえ、以前の歩く旅に比べれば、はるかに気軽で、簡略化されたものであった。

『武士の娘』の著者は、先に紹介したように明治十九年（一八八六）の春、女学校入学のため上京したときは、郷里の越後長岡から群馬県高崎まで、北国街道と中山道を人力車や馬、駕籠を乗りつぎ、高崎から汽車を利用する八日の旅であったのが、女学校を卒業し、渡米の前に暇乞いに帰省したときは、東京・長岡間の全行程が汽車で十八時間の旅に短縮されていたと記している。

また、篠田鉱造氏の『幕末百話』には、

「駅逓《えきてい》局の時分は、（東京の）神田淡路町から高崎、前橋へは、当時（現在の意味）のように汽車がありませんで、広運社というが馬車を出して、双方から三度出ました。払暁《あけがた》五時に出ますのが五時便と名づけ、夜十時に出ますのが、夜馬車《よばしゃ》といい、このほかに臨時が一台、これを早馬車と称して、生糸商人、相場師、急用のお客が乗りました。高崎まで二十八里というものを、十時間ほどで往来《ゆきき》をしましたものです」

とあり、汽車が開通してから、東京・高崎間の運賃は一円たらずになったが、馬車の時代は早馬車で二円五十銭、五時便が二円二十五銭と倍以上もしたし、がたがた揺れて、椅子に腰掛けているお尻が痛くなった。それに、夜馬車は駅逓局から郵便の為替金を預っていたため、人家から離れた堤防の上の道などで、強盗に襲われる危険のあったことなども、詳細に記されている。

これらの例をみると、すでに述べたことであるが、鉄道網の全国的な形成に先立ち、明治の初期から中期にかけてなされた道路の改修、荷馬車道の開設は、直接には明治政府の軍事的意図に発していたかもしれないが、それ自身が産業革命を用意するものとして近代的な交通の先駆形態であり、出発点と到着点とを直結させようとする中間カットの交通形態を、はじめてつくりだすものであったことを示している。もちろん、馬車や人力車、ないしは初期の鉄道の旅は、今日のデラックスな乗物になれたものからみると、まことに悠長であり、かつ、わずらわしいものであった。人々は人馬の継立てのたび、あるいは駅に停車するたびに、自分が旅にあることをいちいち確認させられながら先を急いだ。新幹線を利用して東京・大阪間を日帰りし、旅を旅とも思わなくなったものからみると、まことに大時代的な旅であった。しかし、その路線はあきらかに在来の街道とちがい、町と町とを直結し、中間の村を除外するという原則のうえに築かれていた。

島崎藤村の小説『夜明け前』では、主人公である木曽街道馬籠《まごめ》宿本陣の若主人青山半蔵が街道を往来する人と物の動きのなかから幕末維新の胎動を肌で感じとり、さまざまな風説を自分の耳で聞きわけながら、それを刺戟とし、養分として成長する。鉄道以前、そして荷馬車道の全国的な開設以前、物資の大部分が人の背や肩、牛馬の背に着けて運ばれていた時代は、峠や山道の急勾配は顧慮されること少なく、むしろ目的地までの最短コースがえらばれた。そして、人も物資も、あるいは各種の情報も、すべて村を素通りすることなく、逆に村から村に住む人の手や肩を借りて順送りされ、逓送のあいだに村の人も必需品を手に入れ、新しい外界の話題を聞く機会があった。以前は旅人も行商人も気軽に村の若者や娘たちに声をかけ、駄賃を払って次の村まで荷物を運んでもらった。今でも子供に仕事の手伝いを頼んだときの報酬を「お駄賃」とよんでいるのは、昔の名残りである。村にあって家代々の仕事に従っていても、その気になれば村を通る人から世間の話を聞き、青山半蔵のように生れた村に住みながら、土着性を失わないで、自学自習することもできたわけである。

ところが、荷馬車道やら鉄道網が開設されてからは、村の生活のもっていた自立性は、次第に崩されはじめた。人も物資も情報も、すべて車輌によって運ばれると、それらは需要の大きい町に集中し、運送の途中で村にたち寄り、たち止るということはなくなる。村はなにごとにつけて町に依存し、従属しなければ毎日の暮しがなりたたなくなり、伝統的な土着性の放棄がはじまる。十九世紀の末、明治の中期に進行した産業革命の村落への浸透と、それにもとづく旧来の村落共同体の解体は、実際には以上の手つづきを踏んで進行した。そして、以来、中間カットの交通形態とか、情報伝達のシステムが拡充されるにつれ、内面は伝統的な地域社会とその文化に育てられながら、全国ひとしなみの生活文化を享受することが人々の主眼となり、なにごとにつけて後者の集中している都市を規準にする風がいちだんと強まった。

考えてみると、旅を旅と思わないという形で土着性を失い、村落の保持してきた自立性とか、地域社会の独自性を卑下するばかりかむしろ無視し、また無視されても特別ふしぎに思わないという風潮は、いつのまにか現代になって、ひとつの極点に達しているように感じられる。『明治東京逸聞史』によると、明治二十四年(一八九一)九月三日の『読売新聞』に、タヌキが夜行列車に化けて線路を走るのを見たという話が九州の『肥筑日報』から転載されているという。タヌキが電信柱に化け、キツネが電報配達のまねをし、夜間に小学校で授業の音をさせて人を驚かせたという話は、各地に伝えられる。これら文明開化のシンボルにいち早く化けものの付着したことの意味は、早く柳田国男氏が『妖怪談義』のなかでのべていられる。要約すれば、これらは、近代文明というよりも、土着の生活文化のもっているすべての価値を無視し、抹殺しようとする近代そのものの影に怯えた父祖たちの、素朴な拒絶反応とみてよいだろう。

東京新橋駅前にあった茶屋の吉田屋などは、東海道線を利用する各界の名士、俳優、東京遊学の学生たちが乗車前後の休憩に利用し、それの果した機能は現在の国際空港のロビー以上のものがあったらしい(篠田鉱造『幕末明治・女百話』)。こうした話のなかに、現代とのあいだにある隔たりの大きさを反芻し、明治という時代をその基底部でささえた父祖たちの初心を理解するなかで、歴史の座標軸といったものをつくる必要がある。私たちは、まことに思いがけないところまで、押流されてきているといわねばならない。

II　土間の作法

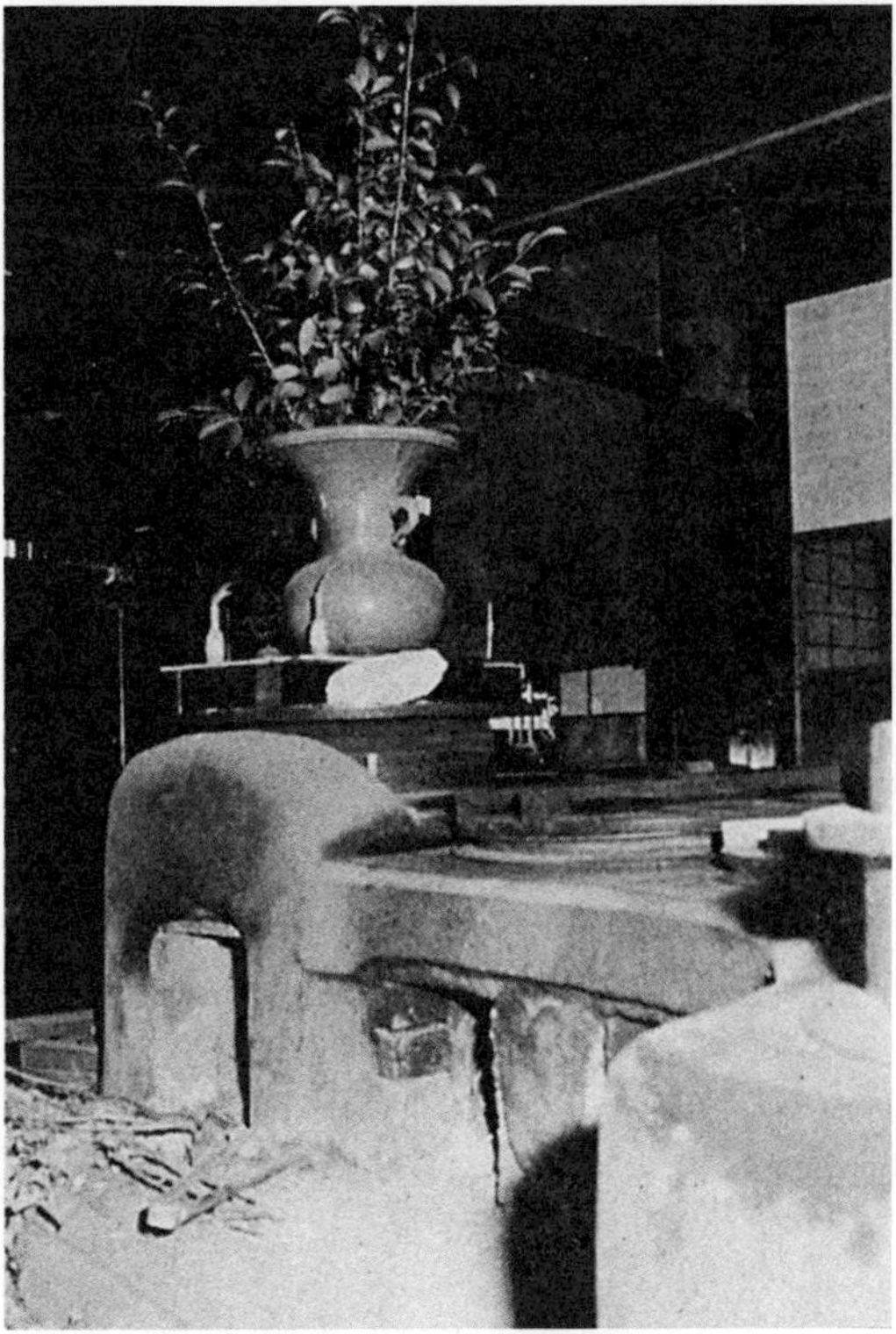

農家の大釜さん――京都府宇治田原町――

庭の祭りと台所の神様

三つカマド・五つカマド・七つカマドなどとよんで、焚口のいくつかある立派なカマドをもつ家は、京都や大阪の古い町家とか、畿内の農家ではしばしばみかける。そうしたカマドは、たいていいちばん端の、ふだんは使わない大型のカマドを「大釜さん」とよび、「大釜さんの松」とか「榊」、あるいは「三宝荒神さんの松」などとよぶものを、釜の蓋のうえに飾っている。

扉写真は京都府宇治市の南、綴喜郡宇治田原町のある旧家の台所のもので、農家の大釜さんの典型である。この家では、毎年十二月三十日、近くの山へ正月の松迎えにでかけるが、そのとき、カド松にする松といっしょに大釜さんの榊と、白い砂岩のかたまりを採ってきて、大釜さんのほうは、写真のように一年中、飾っている。このあたりでも近ごろは台所の改良工事が進み、こうした大釜さんも次々と姿を消しつつあるが、昔は村の肝煎《きもいり》役もつとめたというこの家では、老夫婦が健在なのと、若主人も役場に勤めていて理解があるため、台所の改造はそれとして実行する一方、昔からのカマドはこわさないで、古式が守られている。

写真にみられるように、ここで大釜さんの蓋にのせられている白い砂岩というのは、奈良県北部から京都府南部にかけて分布している正月の砂道とよばれる習俗につながるものだろう。砂道というのは、正月にカドとよばれる家の前庭、屋敷の出入口付近に白い砂を

農家の門松――京都府南山城村高尾――

撒き、ていねいなところでは、辻などとよばれる部落内の一定の場所や、墓地から家のカドまで砂を撒く風習である。現在では、ただの清めの砂と解され、銀閣寺東求堂前庭の銀沙灘《ぎんしゃだん》のような装飾として、家ごとにいろいろな模様に砂を撒くだけになっているところも多いが、これは、もとは盆の道刈りといい、お盆のときに寺や墓地の草を刈り、道をきれいにするのとおなじで、神や祖先の霊を家に迎えて祭るための用意であった。扉写真の宇治田原の旧家でも、毎年、年の暮れに山のきまった場所から採ってきた白い砂岩をつぶしてきれいな砂をつくり、これをカドに立てた松の周囲に撒いて白州をつくり、同時に砂岩のかたまりを大釜さんの蓋のうえにのせるということで、カドの松と白州、台所の大釜さんの榊と白い砂岩とは、それぞれ一対のものになっている。

正月にカドに立てるカド松は、「門」の字をあてて書くため、誤解をうけやすい。京都の町などで、子供がカドで遊ぶと自動車があぶない、というときのカドは、家の玄関口ないしは戸口と道路の接点部分である。カドとよばれる場所は、「門」という字があてはめられるような屋敷の出入口の部分ではあるが、門そのものではなく、実際にはもっと広い範囲をさしている。とくに農家にあってカドというと、それはたいてい南向きになっている母屋の縁側から道路のほうを見て、その前庭から屋敷への出入口につづく、かなり広い部分をさしており、そこは脱穀調整をはじめとするたいせつな農作業場であると同時に、神を迎え、あるいは祖先の霊を迎えて祭る儀式の場であり、祭場の役目をもっている。

たとえば、五九頁の写真は京都府の最南端にあたる相楽郡南山城村の、字高尾でみかけた農家のカド松の例である。この家は、先年、この地に高山ダムが建設されて移転し、宅地は水没したが、このあたりでは暮れの三十日を松迎えとよび、近くの山から若立ちの松の木を伐ってきてカドとよぶ母屋の前庭に立て、正月を迎えると二日の朝、写真のように松の梢の部分を切っておなじところに挿し、七日までを松の内といってそのままにしておく。松はあきらかに神霊の依代《よりしろ》であり、これを二つ並べて前庭に挿し立てている光景は、ここがもともと正月の神を迎える神聖な祭場であることを、無言のうちに明示している。

「笑う門《かど》には福来る」というときの「門《かど》」も、家の門ではなくて母屋の前庭であり、福の

農家のカドに吊下げられた盆の切子灯籠。──京都府山城町上狛──

神もそこへ請《しょう》じられ、来臨するわけである。昔は庶民の家で門をもつことは許されなかった。にもかかわらず、正月には庶民の家でも門松を立ててきた。だから、門松とはもともと門柱の傍に立てるデコレーションではなく、カドとよぶ祭場のしるしであったことがわかる。

また、夏の盆の行事は、いまではすべて仏教と深く結びついた死者供養の儀礼になりきっているが、西川如見が二百五十年も前に『町人嚢』（巻四）のなかで指摘しているとおり、もとは立秋後の初秋の満月の晩に、祖先霊であり、同時に家の守護霊でもあるようなものを迎えて祭るタマ祭りとして、正月とならぶ仏教渡来以前からの信仰行事にはじまると考えられている。こうした盆行事のなかで、六一頁の写真は昭和四十一年（一九六六）の夏、京都府相楽郡山城町上狛《かみこま》（現・木津川市）の大里《おおざと》の農家でみかけた盆灯籠である。上狛の大里は、明治初年には三カ村に分かれ、総計で戸数二四八、人口一、〇五九を数え、集落は古代の条里制の地割に従って立地し、村の人が「浦」とよんでいる中世の戦乱時代に開鑿された水濠に囲まれた、畿内に特有の由緒ある環濠集落の一つであるが、内部は五郷《いつごう》とよんで、殿垣内《とのがいと》（殿前）、磯垣内《いそのがいと》、御堂《みど》垣内、角《すみの》垣内、城《じょうの》垣内の五垣内《かいと》と、小中《こな》小路《こうじ》、野目代《のびたい》の二地区にわかれ、「精霊踊《しょうらい》」とか「招霊踊《しょうらい》」とも書かれる盆踊りの組も、この地区割りに従って編成されてきた。

　ここでは盆のお精霊さんのお迎えは八月十三日で、お墓や部落の辻に線香を立て、御先祖さんはその煙に乗って帰ってくるといっている。新仏といって一年のうちに死んだ人のある家では、新棚とよんで仏壇のほかに臨時の祭壇を設け、カドとよぶ母屋の前庭に写真のような切子灯籠を吊す。いっぽう、七日ごろから練習をはじめる踊りの組は、シンボチ（新発意）という名の大団扇《うちわ》を手にする指揮者と、鉦打ち三〜五名に率いられ、主たる踊り手として、その年に数えで十五歳になって若衆入りしたもの四名から六名がカンコ（羯鼓）を持ち、これに四つ竹といって二メートルほどの青竹の上部を四つに割り、そこへ紙をはさんだものを、若衆に入る前の男の子が一本ずつ持って十五〜六人が従う。この踊りの組は十四日の晩になると、切子灯籠をめあてに新仏の棚のある家を歴訪し、カドとよばれる母屋の前庭、切子灯籠の下で踊った。

この踊りはもとは夜にするもので、自分の組内の新棚の供養をすますと他の組内に出張し、あるいはお寺の境内で踊り明かした。それが大正の末年に風紀が乱れるといって禁止され、夜遅くならないよう、明るいうちにはじめるように改められてから次第に廃れたが、「いりは（入端）」にはじまる踊りの曲目は、新仏が子供ならば「地蔵踊り」、村に功労のあった人なら「じんやく（神役）踊り」、女性なら「潮汲み」「妹背」、後家さんで、生前ユーモラスだった人であれば「忍び」というように、故人にふさわしいものを選んだ。そして踊りの最後にはカンコ持ちだけでなく、団扇やサイハライをもってついてきた若衆全員が出て、「ナモデ」とよぶ念仏の踊りをする。人々は、死者の霊もおなじように灯籠の火をめあてに帰ってきて饗応をうけると考えて、踊り手たちをもてなし、それをもって亡霊に対する最上の供養とみなした。盆に帰ってくる霊魂の群れが、踊り手の群れのイメージと重なりあい、部落の辻から家のカドへやってくると考えられてきたといってよいだろう。「正月さん」がやってくるという砂道の信仰は、ここにも姿をかえて存在してきたわけである。

盆の「精霊」といい、「正月さん」といい、生前の個性を残している死者の霊魂だけでなく、そうした段階をすぎて「御先祖さん」という表現にもっともよく示されているような、すでに生前の個性を消滅するほどに浄化された、漠然とした没個性的な死者の霊魂の習合体である祖先霊とか、あるいは田の神とか山の神など、生業と直接に結びついた、もっと守護霊的な性格の濃い神性までふくめ、もろもろの神的な霊格を年間の定まった日に、部落の辻から家のカドに迎えて祭る信仰は、一般的に存在してきたとみてよい。盆に家々のカドで焚かれる迎え火と送り火や、小正月に「正月さん」を送るために部落の辻で焚かれるトンドの行事などは、そのもっとも普遍的な形であろう。

卯月八日のテントウバナといい、陰暦四月八日に長い竿の先に躑躅《つつじ》の花などを挿し、家のカドに立ててその高さを競いあうという風も各地にみられるし、この日、カドに臨時の棚（祭壇）をしつらえ、躑躅の花を供えて祭ると蝮《まむし》の害にあわないというところもある。陰暦の四月八日といえば八十八夜のころにあたり、苗代に種籾をおろしていよいよその年の稲作をはじめる時期である。竹ざおの先に花をつけて立てるのは、おそらくそうした農作業の開始にあたり、田の神であり、同時に子孫の生活を守る祖霊でもあるものを、はるか天空の彼方より家のカドへ迎えるための、依代《よりしろ》とみなしてよいだろう。ここでも母屋の前庭は、神霊を迎えて祭る聖なる場所になっている。農家にとって、カドは大切な祭りの庭であるといってよい。

玄関をもたない農家

そして、農家のカドがもっている以上の機能をみると、それは平安時代に古代貴族の住宅として完成した寝殿造りとよばれる住居様式にあって、その母屋である寝殿の南庭がも

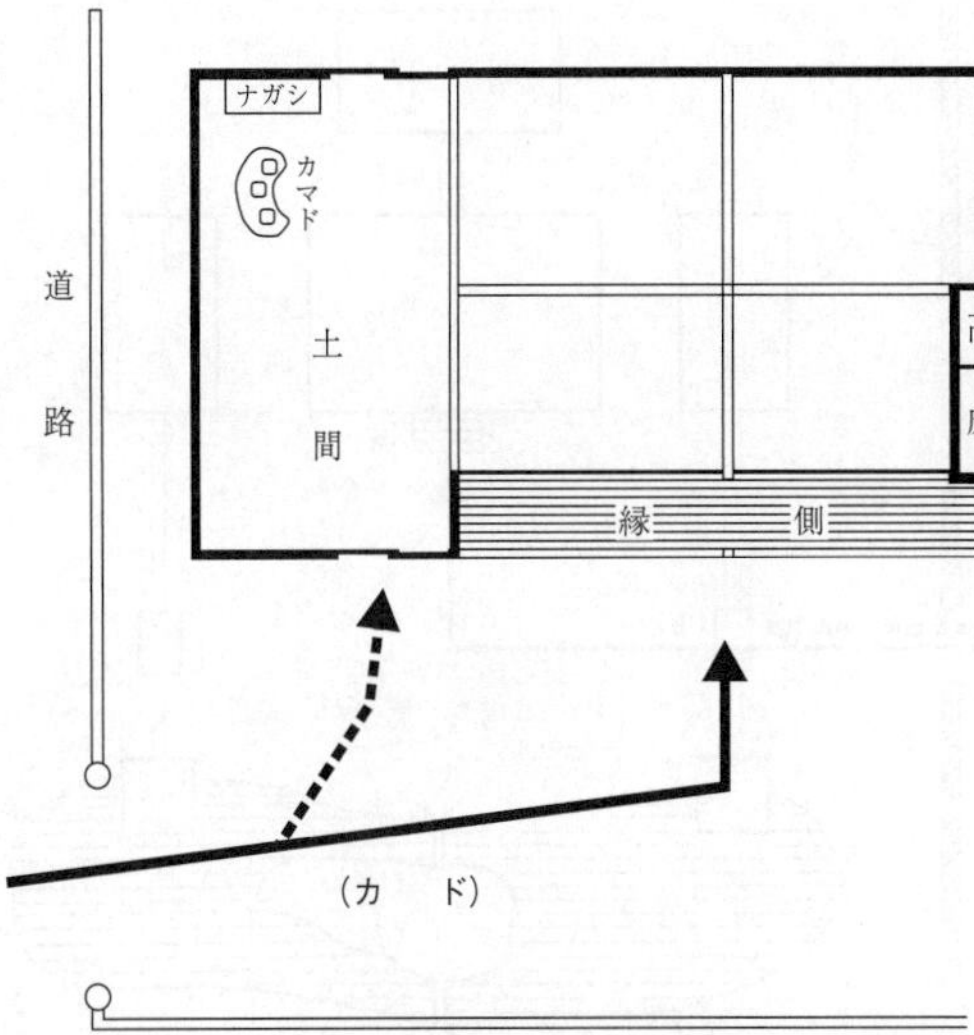

図1　四つ目間取りの農家模式図

っていた機能に匹敵するものがある。こういうと、なにか突飛な議論のようにきこえるけれど、けっしてそうではない。図1と2は、四つ目の間取りといって、現在の農家にもっとも一般的にみられるもののうち、台所と土間が向って左にあるため左勝手などとよばれるものの略図と、寝殿造りにおける殿舎配置の模式図である。この両者を比較して、共通にいえることは、近世の武家住宅において典型的に成立した玄関にあたるものがないことである。農家にあっては、ニワとよばれる土間の部分がふだんの出入口につかわれ、ここが玄関のような役目をはたしてい

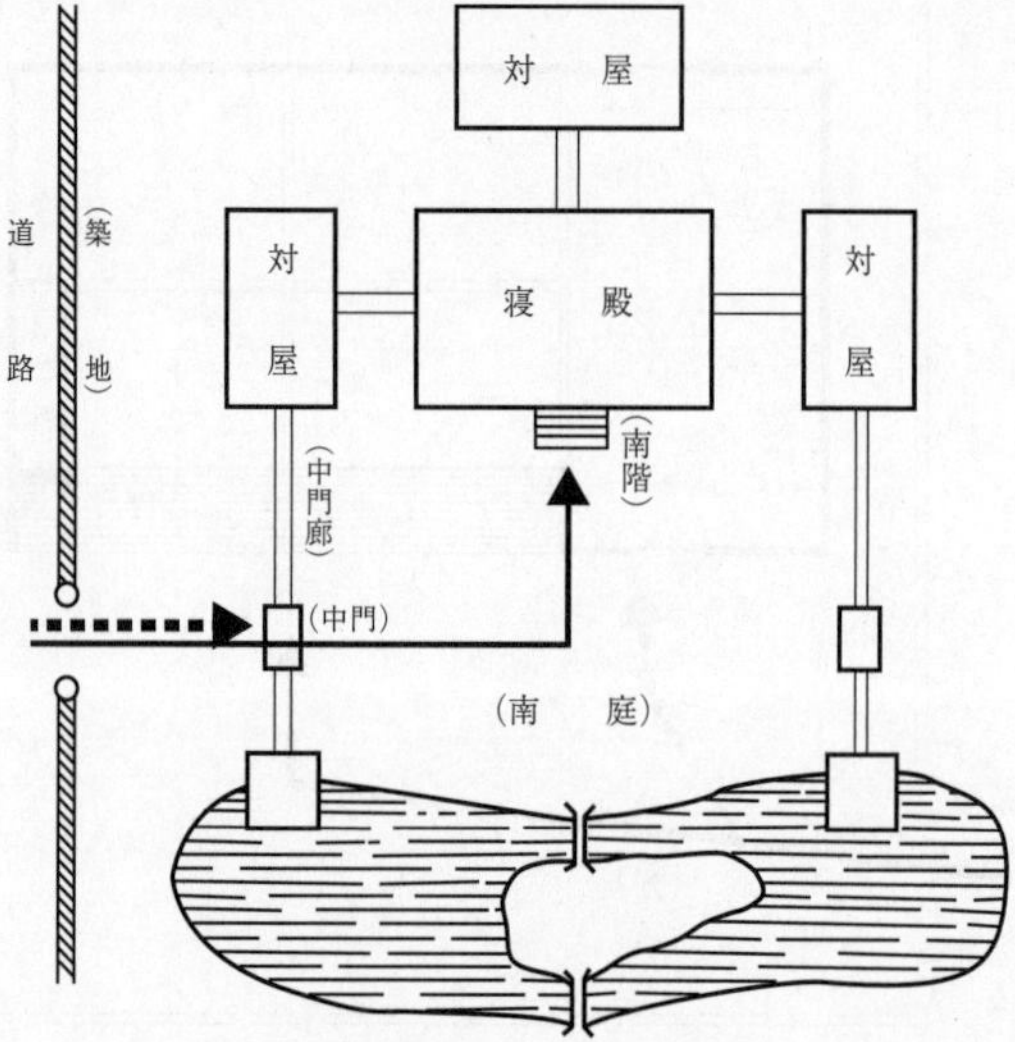

図２　寝殿造り殿舎配置模式図

るが、そこはあくまで日常のそれであって、玄関のように、儀式のときに主人や来客がつかう正式の出入口ではない。たとえば子供のころに、新しい履物を買ってもらった喜びのあまり、畳のうえでその履物をはき、そのまま地面に降り立ったりすると、縁起がわるい、葬式のまねをしてはいけないと家の老人に叱られた記憶のある人も多いと思う。出棺にあたって座敷のうえで草履をはき、土間のほうに回らずに、そのまま縁側からカド（前庭）に出るのは、いまもふつうにみられる光景である。

また、以前は、嫁入りする娘は生家を出るとき、座敷の縁側から前庭に降り、婚家に着くと、土間の戸口から入って勝手（台所）に行き、カマドの周囲を三度まわって座敷にあがり、そこで三々九度の固めの盃をした。そのとき、嫁についてきた嫁方の親族は、土間から入らずに縁側から座敷にあがるのを作法とした。現在では、農村でも神前結婚とか仏前結婚の名で代表される洋風をまねた出合い婚が普及し、婿方の家で盃事をするのではなくて、神社や寺院、会館など一定の場所へ婿方・嫁方双方が出向いて挙式することが多くなったが、昔ふうの盃事をした経験者はいくらでもいる。その人たちの説明を聞くと、嫁が実家を出るときに座敷の縁側からカドに向うのは、その日から実家の家族でなくなるからであり、婚家に着いて土間の戸口から入るのは、そのときからその家の嫁になるからといわれている。このほか、坊さんにお経をよんでもらうときは、縁側から座敷に上ってもらい、仏壇の前に案内するというところもある。要するに、つねの日と、そうでない特別の日とでは家の出入り口がちがうし、それは、人によっても異っていたわけである。

一方、寝殿造りとよばれる平安貴族たちの住宅は、図2のように南面する正殿である寝殿を中心に、その東西や北に対屋《たいのや》とよぶ付属殿舎をもうけて廊とよぶ細殿《ほそどの》でつなぎ、とくに東西の対屋から南にのびる廊を中門廊とよんだ。それは、この廊の中ほどに中門というる門があるからで、これを中門というのは道路に面する外側の門に対する内側の門の意味で、七堂伽藍のそろった大寺院などで、外の門を大門とか総門とよび、内側の左右に回廊をもつ門を中門というのとおなじである。そして、このような殿舎配置をもつ住宅への出入りのしかたをみると、屋敷の主人は輿に乗ったまま中門をくぐって南庭をとおり、寝殿の南階をのぼって中に入ったのに対し、一族や一門のものは中門廊から殿内に入った。寝殿造りにあって、寝殿の南階と南庭はきわめて重要な意味をもっていた。鎌倉時代のはじめ、摂政をつとめた九条良経の著わした『作庭記』は、その名のとおり庭園づくりの作法書であるが、それによると、寝殿の南階をおおっている差し掛けの屋根の外の柱から池の汀まで六〜七丈(一八〜二一メートル)、天皇が里内裏に使われるほどの邸宅であれば、拝礼の儀式をおこなうため、八〜九丈(二四〜二七メートル)は必要であると記されている。

寝殿造りの南庭は、重要な儀式の場であった。天皇が両親にあたる上皇や皇太后に新年の挨拶に出向く「朝覲《きん》行幸」、臣下が上皇に新年の挨拶にゆく「院拝礼《いんの》」、大臣が新任のときや正月に諸大臣以下、殿上人を招いて饗応する「大臣大饗」、近衛大将のおこなう「大将饗」など、いずれも南庭で挨拶がおこなわれる。そのばあい、主人が寝殿内にすわり、来客が南庭に立ち、あるいは整列して挨拶をかわすのを原則とする。そして主人のすすめにより、あるいは主人が南庭に降りて誘うことにより、来客たちは南階から寝殿に昇る。これは親子のあいだの挨拶でもおなじであった。また神社や寺院の場合とおなじように、南庭に舞台を設けて舞楽を演じ、仏事や神事をはじめ、闘鶏などを南庭で催すこともあった(井上充夫著『日本建築の空間』)。

寝殿の南庭と南階は以上のように使われたから、中世になって寝殿造りがくずれはじめ、中門廊の車寄からの出入りが一般化しはじめても、主人の正式の外出や帰宅、転居とか正式の来客だけは寝殿の南階を使う風がながく守られた。玄関をもたない一般の農家が、盆や正月に母屋の前庭に盆灯籠を吊し、カド松を立て、座敷の縁側にカドのほうを向けて精霊棚とよぶ臨時の祭壇を設けるのは、寝殿の南庭に貴賓を迎えた古い作法を継承するものといえるだろう。あとでもういちど論及するが、住宅建築史の概論によれば、中世になって寝殿造りがくずれ、主殿造りとよばれるものがあらわれると、寝殿造りの中門廊が退化して単に中門とよばれる突出部となり、そこに設けられた車寄が発達して殿舎の主要な出入り口となり、やがて近世の武家住宅から典型的な玄関があらわれ、牛車でなくて駕籠をおもな乗物とする客を送迎する場としての玄関が出現した。農家において、母屋の前庭を中心におこなわれる諸儀礼は、玄関成立以前の住居の使いかた、その様式を伝えるものといえる。

そこで、話は少し大回りになったが、カド松とか砂道をはじめとする農家のカドでの行事が以上の意味をもつとすると、おなじ農家の台所の大釜さんの松や榊は、どのような意味をもつだろうか。すでにのべたとおり、扉写真の農家では、正月のカド松と白州は、大釜さんの蓋の上にのせられた榊と白い砂岩のかたまりと、一対のものになっている。ところが、カド松とか白州のほうは正月だけのものであり、松の内がすむと片付けられるのに、大釜さんの飾りは一年中そのままつづけられる。一般に伝統的な民俗信仰にもとづく年中行事は、いずれも祭りのたびに臨時の仮屋や祭壇をしつらえ、そこへ神霊を迎えて祭り、終ると片付けるのが本来の作法とされる。正月の恵方棚も盆の精霊棚もそうした臨時仮設の祭壇であるし、神社に社殿が造営され、神がそこに常在すると考えられるようになってからも、祭礼にあたってはわざわざお旅所まで神幸をねがい、そこの祭壇で祭りをする例は多い。それなのに、台所の神々は他所に移したり、勧請するということもなく、四六時中、そして年がら年中、台所のなかで人と生活を共にしている。この点、盆の精霊さんとか正月の神さんなどとも、根本的な違いをもっている。

荒神さんともよばれるカマドの神は、井戸の神、水神さんなどといっしょに、正月には簡単なお灯明があげられ、お供物もそなえられる。けれども、これらの神々は正月だけそこにいるのではない。家に不幸があると「火替え」などとよび、イロリやカマドなど火をつかう場所の灰を片付け、塩で清めたあとに新しい灰を入れ、新しい火をつかう風習は全国的にみられる。海浜や山の村々で、漁業や杣《そま》仕事など一般農村とちがって生業に危険のともないがちなところでは、それだけなにかにつけての物忌みがきびしく、家内中の女性のだれかに月の忌みがかかると、そのたびに「火替え」をしたという話もめずらしくない。これなどは、火をつかう場所には火の神が常住すると考えられてきたことの、ひとつの現われであろう。大釜さんの松や榊が、正月に飾られたまま一年中おなじ姿でのこされているのも、そこに神が常住しているからにほかならない。

家に住みついている神々

そのつもりになって私たちの周囲を見回すと、ことは台所の土間だけにかぎらず、家のすみずみには、いろいろと面白い神さまが住みついている。

便所の神さまなどはその一例で、都会でも水洗便所の普及する以前、子供たちが夏の暑いときなど、つい横着な格好で用をたしに行こうとすると、そんなことをすると便所の神さまにひきずりこまれるといって、親たちに叱られた。便所には神さまがいるから、行儀よくして行くものとされていた。たいていの子供は、夕暮れどきなど、薄暗いなかに、はばかりのなかから神さまの手がにゅーっと出てきそうな気がして、あわてて飛出した記憶をもっていた。石川県の金沢では、新しく便所を建てるとき、甕の下に夫婦人形を埋めたといい、東北の仙台あたりでは、便所の隅の柱に女の土人形を祀り、閑所神《かんじょ》とよんでいる。便所の神さまは気性の荒い神さまで、機嫌を損じると罰がこわいともいったが、ふしぎにその家の出産や育児に関係して神威の語られることが多かった。

奈良県の南部、吉野郡十津川村で聞いた話である。ここでは便所の神は「チョーズ（手水）の神さん」とよばれ、暗いところに隠れているため盲《めしい》で目が見えないといい、弓矢をもっている偉い神さんともいう。たいていの家では便所の柱に小さな棚をつくり、青いシバ（柴）といって、榊などの常緑樹の小枝を挿したてて祀っている。家の主婦や嫁はふだんから便所をきれいに掃除し、便所の神さんをたいせつにするとお産が軽くてすむし、生まれた子が女ならば、美しい子に育つと伝えている。また、お乳が余るほど出ると、便所の神さんにお願いして預ってもらい、次の子が生まれたときにお乳が足りないと、返してもらうといい、そうした願いごとには長さ三センチほどの小さな草履をつくり、これを供えてお祈りしたとのことである。そして、お産のときには便所の神さんは箒《ほうき》の神さんといっしょにその場に立合うので、便所の神を大切にするのはもちろんのこと、もしも普段に知らずに箒をまたいでいるとお産が重くなるので、箒は使ったあと、かならず下には置かないで、柱などに掛けておくものとされた。

箒が出産に関係深いのは十津川村だけでなく、高砂の尉《じょう》と姥《うば》が竹箒や熊手をもっているのも、これがもとお産の神さまであったからといわれる。このほか、安産のまじないに産婦の腹を箒で撫でた例もあるし、いよいよ産気づくと、箒を産婦の足もとに逆さに立てておいたところもある。長居の客を早く帰らせるまじないに箒を逆さに立てるのは、この安産のまじないの転用で、するりと出るように、というシャレにはじまるというが、それはともかくとして、東北地方で座敷ワラシとか座敷ボッコ、倉ボッコなどとよばれるものも、おなじように家に住みついている神さまの一例であろう。

これは赤顔垂髪、赤い顔しておかっぱ髪の、五つ六つの子供ほどの背丈をしていて、村で旧家とみなされている家の奥座敷や、土蔵のなかに住んでいる。なかなかのいたずら者で、これが住みついている座敷に泊ると、夜中、不意に枕はずしをするとか、蒲団のうえに乗って胸を抑えたりするし、土蔵のなかで機を織る音をさせたり、なにか遊んでいるような音がして、人の姿をみると急いで姿を消すという。西洋のおとぎ話に出てくるかわいいお化け、小妖精のようであるが、家の人たちはこれの住んでいるのをそれほど迷惑に思わず、逆に吉瑞としてそっといつまでも居てもらうように心づかいし、これがいるあいだは、その家の富貴繁昌がつづき、いなくなると、家運が傾くなどといっている。これらの話を総合すると、これもまた、家に住みついた神の部類に入れてもよいものである。

というのは、これら家に住む神の特徴は、日常の生活のなかで、いつもその存在がそこはかとなく意識されている一方、年間の定められた日に、家族一同が威儀を正して一定の場所に迎えて祭ろうという気持になりにくい点にある。それだけ日常の生活に密着しているというわけでもあるが、たとえば陰暦の十月を神無月《かんなづき》とよぶのは、この月に全国の神さまが出雲に集るので、村では神さまが留守になるからという。出雲では、逆に神さまが集るので神有月《かみありづき》とよんでいるが、どうしてこのような説が現われたかは明らかでない。少なくとも神無月につづく霜月には村々で盛大に収穫祭が営まれるので、その前に、神さまを迎える準備として村中が一カ月のあいだ、厳重に忌みごもりしたことと関係があるのではないかと説かれている。ところが、こうして神無月に神さまが出雲に出張したあと、留守番する神さまというのがあり、それは村の鎮守の社や家々の神棚などに祀られているれっきとした神さまではなく、台所とか納戸のすみなどにひっそりと祀られているエビスさんとかカマドの神など、いわゆる家のなかに住んでいる神さまで、農家でおこなわれるエビス講は、神無月である十月二十日という例が多い。

家に住みついた神さまとは、神無月にも出雲へでかけない神さまといいなおすこともできる。こうした神さまが神無月に留守番をするのは、霜月になって村として公的に収穫祭をおこなう前に、したがって神無月に、個々の家でその家の神を私的に祭ることのあったことを示すと説かれているが、同時に、これらの家に住む神たちは、神無月でも出雲に行けないほど家そのものと深くかかわりあい、家から離れて動くことのできない神さまとみることができる。たとえば、箒の神さんは便所の神といっしょにその家のお産に立合うと説かれる一方、箒で産婦の腹を撫でるとお産を軽くするといい、この神は神でありながら、箒という物体から離れることのできない神である。その点、イロリやカマドに住む神も、便所の神、座敷ワラシなどにしても同じといえるだろう。神の名でよばれながら、それだけ精霊的な要素を濃く残しているともいいうる。村で祭る公的な神に対し、家に住む家ごとの私的な神とは、こういう形で判別することもできそうである。そして、家の座敷の床の間とか神棚に祀られる神さまはもちろん、正月や盆にカドとよばれる農家の前庭で祭られる神霊も、年間の定まった日に、遠く天空の彼方から部落の辻などを経由して迎えられるという点では、村で祭る公的な神のほうに近いといえるのではなかろうか。

原始、古代の社会でなされたはずの、呪術から宗教への発展は、事実のうえでは紙一重の差であったかもしれないが、その間の飛躍は、本質的な違いをはらんでいた。

その第一として、人々の側における霊格観念の変化があげられる。霊格という超自然的な存在をみとめ、それを前提にしているということでは、原始呪術も、もちろん広義の主教に属している。だが、呪術における霊格観念は、人間の五官で感得できる事物から離れて、それ自身で独自に存在できる神霊のようなものではない。それは神霊の未成熟な姿である精霊に対する信仰の段階にも達していない霊質で、霊威とか呪力といった言葉で表現されるような、事物のなかに存在し、それから自立できないでいる超自然的な力である。これに対して宗教における霊格は、少なくとも神霊として事物から離れ、独立したうえで動物や植物の姿をとって観念され、とくに人間の姿で表象される神観念ということができる。そして精霊信仰は、これにいたる前段階というべきもので、霊格はその本体から遊離しはじめ、それに対する信仰もはじまりながら、なおそれが不十分で、霊格観念の点からみて、呪術と宗教の二つの世界にまたがっている状態である。

純粋の呪術というのは魔法であり、それが対象にしているのは事物に内在する呪力や霊威力である。呪術とは、人間が特定の願望を実現するために直接的に自然に働きかけることであり、そのような行為のなかでは、霊格とは事物に内在する神秘的な力そのもので、それらは人間の願望実現のための手段として動員され、利用されるにすぎない。これに対して宗教にあっては、おなじ目的を事物から遊離、独立した神的な霊格の意思や統御力、ないしは威力にたよることで実現しようとし、人間の行為の中心は、そうした霊格に対する祭祀や祈禱とよばれるものになる。この点からみると、呪術は偽科学とよばれるとおり、宗教よりも科学に似ている。自然に働きかける手段において、科学では客観的にその存在の証明されている法則を利用するのに対し、呪術は人間の主観においてその存在が信じられているところの、事物に内在する霊力を利用するという違いがあるにすぎない。だから、こうした人間の行為に即してみたばあいでも、精霊信仰は、祈禱や礼拝類似のことがなされるという点では宗教に近づいているが、その対象である霊格が、依然として事物からの遊離を完了していないために呪術的行為を払拭できないという、過渡的状況が濃厚である。

そして、以上の原則的な判別のうえに伝統的な宗教行事をあてはめてみると、村の鎮守や家の床の間、神棚に祀られている神々は、いずれも「何某の命《みこと》」というれっきとした神名をもち、たいていは中央・地方の有名大社を本社とする、ことの正確な意味、厳密な意味での宗教的神性である。これに次いで、カドとよばれる農家の前庭などでおこなわれる、より民俗的な神事における祭祀の対象は、「御先祖さん」とか「正月さん」、「田の神さん」、「お精霊《しょうらい》さん」などとよぶよりしようのないような、はなはだ頼りない霊格ではあるけれど、それらはイロリやカマド、便所や井戸、厩とか奥座敷、納戸や蔵をはじめ、箒の類にいたるまで、家のなかの特定の場所や道具からめったに離れられない神さまたちにくらべれば、その精霊的な性格は、よほど稀薄になっているといえるだろう。そして、農家のカドを中心になされる民俗行事が、先にのべたように古代貴族たちの邸宅であった寝殿造りにおける寝殿の南庭と南階を中心になされた貴賓迎接の儀礼作法に対応するとすれば、座敷の床の間などでの神事は、玄関の成立によって完成した武家の書院造りにおける接客構えと不可分の関係にある。とすると、台所をはじめ、家のすみずみでひっそりと祀られている神々たちは、歴史的にみて、どのような由緒をもっているのだろうか。

結論を先にいえば、これらの神々は古代貴族の住居様式の成立する以前、したがって、もっとも古い時代から、庶民の日常生活に密着してきた神々であった。

土足で踏まない土間

七八、七九頁の写真は、大阪府豊中市の服部緑地にある日本民家集落博物館に移築されている、福井県敦賀市（旧敦賀郡疋田村）杉箸の農家の外観と、それの内部の土間と、炉のあるダイドコ（台所）とよばれる板敷部分である。この形式の民家は、滋賀県北部から県境を越えてすぐの、敦賀市南半あたりまで分布しており、写真の建物は百三十年から百五十年ほど前の建築とされている。村内の庄屋級の家であるため、太い材木がおしみなく使われているが、炉のある板敷の部分はダイドコという名の居間であり、近い時代までこ

福井県敦賀市杉箸の民家。――日本民家集落博物館――

の部分には床板がなく、土間にモミ殻をおき、その上にムシロを敷いて坐る土座造りの形式が残っていたという。

そういうこともあって、博物館の館員の方の説明によると、この家の土間は、もとの持主たちによって、とても大事にされていた。この建物が敦賀市の杉箸にあって、実際に使われていた当時、博物館の人たちはそれを買取り、移築して保存するための交渉にたびたび出向いたが、そのたびに感心したのは、いつ行ってもこの土間がていねいに手入れされ、粘土に特有の湿り気と弾力が適度に保たれ、家の人はもちろん、近所の人も、きれいなワラ草履以外の履物で、この土間を歩かなかった。内部の写真右手の戸口のところから、ダイドコの板敷までのあいだ、土間のうえにワラで編んだ

同右。内部の土間と板敷の台所。

細長い敷物がしかれていて、外からの訪問者も戸口の外で履物をぬぎ、裸足になってその敷物のうえを歩いてダイドコに通り、戸外を歩いた履物で土間を歩くようなことはしなかった。だから、移築にあたっては土間の土もそのまま運んできたのだが、現在、この博物館を訪れる人たちがそんなこととも知らず、靴や下駄をはいたまま、どかどかとこの土間に入りこんでいる。もとの持主が見たら、どのように思うだろうか。おそらく、日本の作法を知らない外人たちが、靴のまま私たちの家の座敷に上がっているのを見るのと、おなじ気持になるのではないかとのことである。

土間というと、都会に住むものは家のなかの通路とだけ考えやすい。土間のことをニワとよぶのは一般的で、都会でも伝統的な構造の町家では「通りニワ」というよび名もあって、ニワ（土間）はたしかに屋内の土足でゆける通路のようになっている。けれども、そのような町家でさえ、土間の奥はたいてい台所になっていて、カマドやナガシその他の炊事用の施設がある。農家の土間は、これよりもさらに多くの用途があり、家のなかの一つの独立した区画として、重要な役を担ってきた。その第一は雨天や夜間、あるいは冬期の積雪時における屋内作業場としての役目である。農家の土間は、たいてい戸口から入ったところにワラ打ち台の石が埋められていて、そこを中心に、夜なべのワラ仕事をはじめ、各種の作業がなされてきた。

きれいなワラ草履以外の履物をはいて土間を歩かないというのも、土間の表面を汚したり傷つけないためで、そこでとりあつかう品物に土や砂が付着したり、まじらないようにとの実用的な配慮が、土間であろうとなんであろうと、とにかく戸口の敷居をまたいだところから家の中であるという基本的な観念と重なり、一つの行儀作法にまで高められて伝えられたもののように思われる。

また、土間の奥は、町家とおなじようにカマドやナガシがあり、炊事場になっているし、米びつとか、味噌や漬物の桶をはじめ、食糧も貯えられている。土間の一部はさらに区切られて厩になっていたり、農作業の道具類も格納されている。敦賀市杉箸の農家では、先に記したようにダイドコとよぶ居間は近い時代まで板敷ではなく、土間の一部を框《かまち》で囲い、下にモミ殻を敷き、その上にムシロを敷いて坐るようになっていた。その名残りで、写真のようにダイドコの板敷は他の床の部分より一段低くなっているが、このほか、以前は土間の一隅に人の寝る設備をもつ家もあった。それは土間の一部に竪穴を掘ってモミ殻を入れ、板で囲って柔らかくしたワラを敷き、それにもぐりこんで寝たもので、スバコ（巣箱）などとよばれた。

ここは、たいてい奉公人など、その家でもっとも身分の低いものが寝たが、こうしてみると、土間には炊事場、食糧置場、仕事場、道具置場、それに居間や寝所と、人間の住居のもつすべての機能が備わっており、土間一室ですべてを兼ねていた原始時代の竪穴式住居と機能的に差がなくなる。このことは、今和次郎氏が的確に指摘していられるところであるが（日本民俗学大系六『住居の変遷』）、とくに土間を屋内の通路とこころえ、土足のまますかずかと入るということをしないで、土間に入る戸口の敷居の前で自分の足もとに気をくばり、よごれた履物とか、底の堅い履物のまま土間に入らないようにするという神経は、土間はたいせつな作業場であり、そこを汚しては仕事に差支えが生じるという実際的な考えもさることながら、より根源的には、かつては土間自身がそれだけで人の住居であり、そこで人間の寝起き一切がなされたということに由来しているのではなかろうか。

土間は、屋外の地面、屋外の空間が屋内に入りこんできている部分ではない。もとは、土間だけで、りっぱに屋外空間と隔絶した人間の住居を構成していた。だから、住居のなかに板で床を張った部分がつくられ、屋内生活の中心が床の部分に移ったのちも、土間には土間一室で生活していた時代の名残りがとどまり、戸口に立ち、土間に一歩足をふみ入れる前に履物に注意するという作法も、その一つとみるべきだろう。土間だけの住居というと、私たちの念頭には貧しい生活、物質的にみじめな生活ということだけが焼付いて、それ以上のことに考慮がおよばない傾向がある。これは近代人の思いあがりというべきものだろう。かつての祖先たちの生活は、いまに比べればみじめなものであった。けれども、それは物質的にみてということで、それ以外に及ぶものではない。たとえ土間一室にモミ殻やワラを敷きこみ、それにくるまって寝ていても、人間の住居である以上、そこにはおのずと秩序があり、人間として守るべき作法があったはずである。

現在でも、家を建てる前、しばしば地鎮祭ということが行われる。祖先たちもその住居を建てるとき、おなじようにして荒ぶる神と精霊を圧し、鎮め、よき神霊をよびさまそうとした。そして、カマドに住む火の神をはじめ、さまざまな神といっしょに住むことで、細々と日々の生活を営んだにちがいない。それはいつも神といっしょでないと住めないほどに心細く、力弱い日常であったと想像される。だから、家のなかの秩序、住居の使いかたとか、家屋内での作法といったものは、すべて神といっしょに住むという敬虔な感覚に発していたと考えられる。

子供のころ、ニワ（土間）の敷居に腰かけていて、お尻が腐るといって年寄りに叱られた記憶のある人も多いと思う。そこは家の内と外とを区切る神聖な境界線であり、お尻をのせるようなところではない。戸口の敷居に足をのせるのは、その家の主人の顔を足でふむのとおなじほど礼を欠く行為とされた。遠足の帰り、水筒に残った湯茶は家に入る前、戸口の外で捨てるものといって孫に教える老人は、まだ多くいる。山野にさまよっている餓鬼たちが、水筒の湯茶がほしさに後をつけてくるので、彼らが家に入らないよう、戸口の外で供養してやるなどと説明されている。これもまた、戸口がその家にとって異物がやすやすと入らないようにする、聖なる関門であることを示している。そうした戸口の前で足もとに気をくばり、汚れた足、けがれた履物で土間に入らないという心づかいも、おなじ信仰にもとづき、神と人のいっしょに住む家屋に入るときの作法として、厳重に守られていたものの名残りとみるべきだろう。

土間をとりわけ大切にしていた敦賀市杉箸の農家では、正月にはワラでヤスツボという小さな漏斗形のものをつくって家の大黒柱につりさげ、三カ日のあいだそれに雑煮を入れて供え、小正月の早朝にも小豆ガユを入れて供えた。その家の神は大黒柱のなかに住んでいると考えられてきたわけである。したがって、土間の台所をはじめ、家のすみずみでひっそりと祀られてきた神々は、原始、古代以来、祖先たちと日常の生活をともにしてきたいちばん親しい神たちであり、家のなかのそれぞれの場所に住みついた、家つきの精霊たちと考えてよいと思われる。

神々に公私の差別

『万葉集』巻二〇には、孝謙天皇の天平勝宝七歳（七五五）の二月、東国から北九州に派遣された防人《さきもり》たちの献じた歌が、まとめて収録されている。当時、兵部少輔であった大伴家持が、その職務に関連して献進させたといわれるが、上総国の防人部領使《ことりづかひ》（輸送指揮官）茨田連沙弥麿《まんだのむらじしやみまろ》が集めて進めたもののなかに、

庭中《にはなか》の　阿須波《あすは》の神に　木柴《こしば》さし　我《あれ》は斎《いは》はむ　帰り来《く》までに（四三五〇）

という歌がある。おそらく上総国から防人として徴集されたものの妻の歌で、あなたが無事に任務を終えて帰還されるまで、家の庭先に榊などの常緑樹の小枝を挿し、つつしんで阿須波の神をお祭りいたしておりますという意味であろう。

現在でも、山上に所在する寺院や神社に参詣するとき、その山の聖木とみなされてきた常緑樹の小枝と供物をもって登り、あるいは参詣を終えて下山するとき、その木の枝をみやげに持ち帰り、家の入口に掛けたり、仏壇に供えたりする風習がある。そうした聖なる樹木として昔からその名の知られているものに、紀州熊野明神の梛《なぎ》（竹柏、マキ科に属す）、吉野大峯山の翌檜《あすはひのき》（アスナロ、ヒバともいう）、高野山の槙《まき》、大和の三輪明神や京都の伏見の稲荷の杉、おなじく京都愛宕山の樒《しきみ》、伊勢の朝熊《あさま》山の黄楊《つげ》などがある。参詣にあたって

これらの聖木の小枝を持参するのは、これを依代《よりしろ》とし、家々の祖霊をこれにのりうつらせ、山に捧げて行ってまつり鎮める意味があり、逆に山から頂戴して帰るのは、山の神霊を家まで捧持してくる意味をもっている。通常の神祭りのとき、神職の祝詞《のりと》奏上のあと、祭儀の主催者とか参詣者代表による玉串《たまぐし》奏奠がなされるのが一般である。このばあい、榊の小枝に幣をつけた玉串は、神への捧物として理解され、そのようにとりあつかわれている。だが、ほんらいは、玉串に使う常緑樹の小枝自身が神の依代であり、これを地面に挿し立て、そこへ神霊の降臨をねがって祭るのが、古い信仰の姿であった。

したがって、『万葉集』に「阿須波の神に木柴《こしば》さし」とあるのは、阿須波の神のために木柴（常緑樹の小枝）を挿し立てるということであり、それは神の座として、神を迎えるために庭前に木柴を挿すことと、神への捧物として木柴を挿すこととのあいだを微妙に揺れている。けれども、そうして祭られている神は、少なくとも家の中にひっそりと住みつき、私的に祀られ、人と日常を共にしている神とはちがう公的世界の神である。阿須波の神の名は『古事記』上巻の「大年神《おおとしがみ》、羽山戸神《はやまどのかみ》の御子等《みこたち》の段」に、大年神の九柱の御子神のなかにみえる。この神についての詳細は不明であるが、上総国府の所在地と推定されている千葉県市原市の辰巳台には、阿須波神社という神社があり、旅路の神として、近いころまでワラジを奉納して安全を祈る風があったという。

防人に徴集され、家郷を離れて遠く筑紫の果てまで赴く夫の身の安全を願うのに、カマドの灰のなかに住みついているような、家のなかにあって精霊の域から離脱できないでいる神が、役に立つはずはない。もちろん、そのような神さまに特別にたのみ、夫の身体のどこか、衣類の端などに付着して行ってもらう呪法もないではない。しかし、公の世界、したがって政治社会のことがらは、基本的にはそうした世界に住む神の支配に属する。そして、東国から九州まで一望のうちにおさめて神威を行使できる神といえば、少なくともそれは、遠く天空の彼方から家のカド（前庭）の祭場へ降臨をねがって祭る神か、でなければ、人のほうから神の坐す聖なる山や森に赴き、そこで祈願の熱誠を捧げなければならないような、より高い次元の神性である。

　愛知・岐阜の両県にまたがる濃尾平野から西、近畿から山陽、北四国にかけての平野部の村には、屋敷林の名でよべるようなものはみられず、かわりに屋敷をとり囲む土塀や、生垣《いけがき》の類が発達している。また、山中の村は、屋敷が山の中腹の傾斜面につくられているため面積が狭少で、屋敷林をつくる余地もなく、一般に屋敷林を欠くか、あっても貧弱なものしかみられない。これ以外の地方では、農家はたいていりっぱな屋敷林に囲まれているのが普通である（八七頁写真）。島根県の穴道湖の西、簸川平野の村々でツイジマツ（築地松）とよばれる屋敷林は、家の北と西側に、まるでびょうぶを立てたように美しく刈りこまれている。富山県の礪波平野の散居村地帯で、カイニュウとかカイニョとよばれているものも、りっぱなので有名である。

南部の曲り家と屋敷林——盛岡市南郊——

こうした屋敷林の用途は、ふつう冬季に卓越する北西の冷たい季節風から家を守るための防風林と説明されているが、防雪、防火の役にも立つし、冬の酷寒、夏の炎暑をやわらげる気温調節の効果もある。関東平野では、この地方独特の火山灰土壌が、冬から春先の乾燥季に、空っ風に吹きとばされて生じるはげしい砂塵を防いでいる。このほか、屋敷林に大きな杉や欅などのあるばあい、その屋敷の古さ、したがって家柄のシンボルという意味もあるが、北関東から東北にかけてと、南九州の、近世後半の大規模な開田によって創設された村ではなく、もっと古い由緒のある村になると、屋敷に防風林が付属しているといった形ではなしに、逆に林のなかに家があり、森のなかに集落があるといったほうがよいような例が多くなる。

こうした地方を歩くと、畿内の平野部、なか

木立のなかの集落。——鹿児島県始良郡横川町（現・霧島市）黒葛原（つづらばる）——

でも奈良盆地の土塀にかこまれた大和棟の農家などを見なれたものの目からすると、なによりも緑の多いのにおどろく。上掲の写真のように、畷道を行くと、はじめ林か森のようにみえていたのが、近づくと、そのなかに数軒、ないし十数軒の家があることがわかり、なかに入ると、意外に開けた道をもつ立派な集落であることもめずらしくない。四国の徳島県三好郡（現・三好市）の祖谷山《いややま》地方では、屋敷林のことをヨーガイ（要害）とよんでいる。森や林のなかに家を建て、数軒以上の家族がよりそって住居を構えるのは、外敵から身を守るためにとられた、一つの方法であったかもしれない。それも、物理的な力をもつ外敵だけでなく、本来、もっと精神的、信仰的な意味合いの濃い用心であったかと考えられる。

重層信仰の内容

たとえば京都の北、丹波国に属する北桑田郡京北町（現・京都市右京区）の古くからの農家では、屋敷の北西を囲う防風林を「樫《かし》の小柴《こしば》」とよびならわしてきたという。「小柴」というと、先の『万葉集』の歌にある「木柴」とおなじように、神霊の宿る木という意味をもっている。こうした言葉が屋敷に付属する防風林のよび名として使われてきたのは、屋敷林の古い姿、それがもともと神霊の宿る聖なる森であったことを示すのではないか。すべての民家がそうであったとはいえないにしても、かつて人々の精神がもっとも素朴で、すべてのものに怯えていた原始の時代、人々はこれと定めた森や林の茂みのなかに住居を構え、ひっそりと寄りそいながら、木立のなかに宿っている神霊（精霊）とともに日常を送り、それに守護されながら起居していたかと推測される。それが、こうした精霊的な神々から離れて人々が自立し、明るさをもとめる生活の変化にともなって屋敷をかこむ樹木がとり払われ、単なる防風林となって残ったり、せいぜいヨーガイ（要害）の名で外敵防御の構えに転化したと考えられている。こうした進化は、「庭中の　阿須波の神に　木柴さし」という形で、外に向って開かれた明るい屋敷のカド（前庭）に木柴を挿し、そこへ天空の彼方から神霊を迎えて祭るようになったとき、完了したといえるだろう。さきに五九頁の写真で紹介した農家の門松が、その具体的な姿である。

しかし、このような事態の推移は、けっして一本調子でなされたのではない。その証拠に、村の生活が広い外界に向って開かれ、公的世界とその神々が、人々の生活の末端にまで及ぶようになったのちも、家のすみには原始以来の精霊や、精霊の域を離脱できないでいる神々が宿り、それに対する人々の私的な祀りは絶えることはなかった。人の私的生活の側面がなくならない以上、当然といえば当然かもしれないが、ことの表向き、たてまえとしては、人々の住居は精霊の住んできた森をとり払い、あるいは陽光の溢れる開かれた場所に住居を構え、家のカド（前庭）に神を迎えて祭ることがはじまった後も、その家屋の内側では、依然として諸精霊との同居共住がつづけられてきた。

こうした形で存立する神々の重層関係、公認された公的世界の公的な神と、そうでない私的な神、ないし諸精霊が層序をもって同時に並存する姿は、私たちが歴史的にうけついでいる伝統的社会の、基本的な特色である。日本人の重層信仰（シンクレティズム）とよばれるものは、世界宗教としての仏教と、民族宗教としての神道の並存だけにあるのではない。伝統的な神に対する信仰のなかに、複雑な層序を包含してきた。それは公私の二極に大別できるが、神の世界における公私の別は、上記のとおり相互がおなじ質、おなじ次元のもののあいだの区別ではなく、私的祭祀の対象となる神は公的なそれにくらべて一段と低く、卑しく、表立つに価しないものとして存在してきた。しかも、そのような私的な神と私的な祭りは、それによってけっして消滅することなく、人々の生活の私的側面に密着しながらさまざまに姿をかえて公的なものの陰にひそみ、結果として公的なものを規制するという、不可思議な構造をもってきた。

要約すれば、これは互いに異った性質と機能をもつ神々が、上下の層序をもって並存するだけでなく、相互に規制しあう関係ということができるが、これについてもう少し具体的に反省してみると、私たちの祖先がはるか古い時代に原始状態からの脱却をなしとげ、ことの厳密な意味での高い宗教的神性を獲得しているのに、家のすみにいつまでも精霊の域を脱しきれない神々を住まわせてきたという事態は、けっして他人事ではなく、現在の私たちと直接的なかかわりをもっている。家屋構造の近代化、とくに台所の改造は、農村でも近年は急速に進められ、プロパンガスは、自動車の通うかぎり、どのような山村にも普及している。こうしてカマドが壊されて電気釜やガス炊飯器、ガスレンジが登場すれば、カマドの火の神の住む場所はなくなる。イロリも掘り炬燵に改造されたら火の神はいなくなるし、便所の神さまも水洗便所には住めない。箒の神さまも電気掃除機に宿がえしないし、座敷ワラシ、井戸の神、厩の神もおなじ運命にある。しかし、にもかかわらず、こうした精霊的な神々を今日まで伝えてきた精神風土が、そう簡単に消滅するとは思えない。それは今までよりも、もっともっと隠微な形で、私たちの日常のいちばん隠れた部分にひそみ、思いがけないところで私たちの思考や行動を規制し、それらの方向づけをしたり、踏切り台になっているのではなかろうか。

老夫婦とむかしの食事姿。

私権の核――食器

たとえば、「ぼくのお茶碗」「わたしのお箸」などといい、枕などについても同様であるが、日本ではどの家庭でも子供が赤ん坊の段階をすぎ、幼児の段階に進みはじめると、ひとりで食事したり寝るようになる以前に、その子のために専用の食器や寝具を用意してやるのがふつうである。

この風習は、大人になっても引継いでつづけられるが、食器についてみると、一般の家庭でオムレツとかビフテキをはじめとする西洋料理や、中華風料理につかう食器類は、形の大小や模様などで大人用と子供用にわけることはあっても、とくにだれのお皿とか鉢ということはない。個人専用の食器が用意されているのは、茶碗とか箸、湯呑みなど、昔からあるもので、日常もっとも頻繁に使用される身近なものに限られている。そういうことをいわない西洋料理や中華料理につかう大型の皿類が、一般の家庭に常備されるようになったのは新しい。とすると、家庭のなかで個人用の食器を用意するほうが昔からの伝統的なやりかたで、だれのものともいわず、家族のあいだで共用するほうが、新式のやりかたということになる。

日本の家屋には西洋式の個室といったものがなく、個人のプライバシーというものはすべてにわたって無視されてきたというのが、なにか通念のようになっている。だが、事実はかならずしも一概にはいえない。食器の場合は明らかに反対で、昔ほど個人専用という意識が強かったということになる。九二頁の写真は昭和三十七年の夏、京都の北、鞍馬から峠をひとつ越した旧愛宕《おたぎ》郡花背《はなせ》村（現在は京都市左京区）の別所というところで、老人夫婦にむかしの食事の格好をしてもらったものである。おばあさんはタチカケとよぶこの地方独特の下袴をつけた仕事着姿であるが、以前は家族一同が一つの食卓を囲むということはなく、平素もめいめいが個人用の膳を使った。写真のような脚のついた膳だけでなく、「箱膳」といって四角い箱のなかに個人用の食器を納め、食事のときは蓋を裏がえし、それをお膳に使う形式のものも多く、それらの個人用の膳を納めておく膳棚とよばれるものが、どの家でも次頁の写真のように、たいてい台所のすみにあった。都会の大きな商家では、主人から番頭、小僧にいたるまで、各自が箱膳をもっていて、食事どきにはそれをもってきて並んで食事した。それが、一般の家庭で西洋風の料理がつくられるようになるのと並行して、ちゃぶ台とよぶ洋風の食卓をまねたものが現われ、家族がそろって食器を共用し、おなじものを食べる習慣が定着した。

とすると、茶碗とか湯呑みなど、身近な食器についていわれる「自分のもの」とか「だれそれのもの」というのは、どういうことだろうか。箸についてみると、三世紀の日本の

膳棚の一例

状態をしるしているので有名な中国の史書『魏志倭人伝』には、日本人は箸を使うことを知らず、手づかみで食事をするとある。昔は「てのくぼする」ということがあり、料理中に味をみるとき、手のくぼにのせて口に運ぶことをさしたが、『今川大双紙』という室町時代の武家の礼法をのべた書物には、強飯《こわいい》は箸で食べるものではないが、汁といっしょに出されたときだけ、箸を使用するとある。強飯とは糯米《もち》ではなくて普通の粳米《うるち》を蒸した御飯で、正式の食事のときの主食として、古代以来のものであったから、そのような食品については、室町時代には上流の武士のあいだでも、箸を使わない食事作法が一部に残っていたことが知られる。

民間では、四〜五十年ほど前まで、正月にお節《せち》料理を重箱に詰合せてだされたとき、煮しめなどを右手の箸でつまみ、これを左手の甲で受けて口に運ぶ風が残っていた。これは特に女性の作法であったらしく、左手の甲で受けた煮しめ類を、なにげなく、そっと口もとに運び、口にくわえる所作に女らしさをにじませるよう、娘たちは普段からしつけられたという。これらのことは、箸のような簡単な道具でも、それが普及するのにきわめて長い時間を要したことを推測させ、近代以前の社会のもっていた保守性を、よく示す事例である。だが、こうした箸も、ひとたび普及すると、なによりも大切な食器として、宗教的な意味を付与されてきた。

たとえば、旧家に残っている昔の箸箱のなかには、中身を二つに区切り、箸を二膳、左右に分けて入れるようにした大型のものが多い。これは、俗に夫婦箸《めおとばし》とよばれるようなものではなく、箸箱の持主が魚をたべるときに使うマナバシと、そうでない箸とを区別し、あるいは精進箸とよんで仏事法会のときに精進料理をたべる箸と、ふだんに魚などもたべる常用の箸とを区別して入れるためのものである。このような箸箱はなくても、正月に雑煮を祝うときの膳、神祭りや法事のときの食事には普段用の箸を使わず、特別に用意した箸を使う風は一般的である。明治生まれの明治育ちといった老人が、洋食はあとが悪い、牛肉の匂いが残るといって、肉食用とそうでない箸とを使いわけたのも、おなじ発想といえるだろう。また、弁当に使う杉の割箸は、なにごとにも倹約を旨とした時代から、使うたびに捨てるのを原則としてきたし、使用したあと、二つに折って捨てる習慣をいまでも守っている人は多い。これは自分の使った箸を他人に使われないようにするためで、他人に使われると、自分の魂まで奪われるように思ったのが、そもそもの理由であった。箸はいちばん身近な食器であるだけに使う人の分身のように考え、その使いかたに鋭い神経をくばり、さまざまの作法や禁忌をまもってきた。災厄が身におよばないよう、細心の注意を払ってきたわけである。

枕にまつわる俗信

おなじことは、枕についてもみられる。漁村の若者宿で若い衆が合宿するときなど、一同が長い丸太棒を枕にして寝る。夜中に難船が出て不寝番が非常呼集をかけるとき、棒で枕にしている丸太の端をたたくと、響きで一同がいっぺんにはね起きるといったドライな話もある。しかし、枕は一般には個人専用の寝具として、さまざまな俗信がまつわりついている。枕は、その使用主に吉凶を予兆する夢と深い関係があるものとして、たいせつに取扱われ、枕を踏んだり、投げたり、蹴ったりすることは、いちばんよくないこととして忌まれた。帯のように長いものを枕にするのもいけないとされた。また、人が死ぬと、死者の枕をはずして北向きにかえる。このとき、島根県の隠岐島では、死者にもっとも血筋の近いものが、足で枕を蹴ってはずした。カヤカベ（萱壁）とよばれる鹿児島県霧島山西南麓の隠れ念仏の集団にも、この枕はずしの儀礼がみられ、コイオヤ（郡親）とよんで集落ごとに任命されている教団幹部が、このばあいは手を使うが、力いっぱい枕はずしをしている。先に東北の座敷ワラシが寝ている人の枕をはずす話をあげたが、こういう事例からみて、それがたいへんないたずらであったことが知られる。

このほか、青森県の日本海岸、西津軽郡の鰺ヶ沢町付近の漁村では、沖で遭難して遺体のみつからない人の墓は、その人が生前に使っていた枕を形代にして墓に埋めるという。漁師が共同で舟に乗って沖に出るとき、めいめいが私物を入れてもって行く木製の小箱を枕箱とよび、夜はそれを枕にして寝るほどで、いつも身辺に置くものとされた。福岡県遠賀郡の芦屋では、節分の鬼やらいの豆を枕箱に入れておき、沖に出て天候が悪化し、方角がわからなくなったとき、その豆をとりだして撒き、針路を占ったという。山口県の日本海岸、油谷《ゆや》湾に面した大津郡油谷町（現・長門市）の宇津賀では、舟霊《ふなだま》さまの形代であるサイコロを、漁師たちは枕箱に入れて持ち歩いた。舟霊さまのサイコロは、たいていは、ツツという名でよばれている舟の帆柱を立てる穴の下の部分に納めるが、おなじ山口県の瀬戸内海側の大島でも、舟霊さまは枕箱によりつき、漁師が陸に上ればそれについて陸に上るなどといった。いずれにしても、こうした伝承のあることは、枕がその持主、使用主の分身であり、一心同体のものであるだけに、そこに聖なるものも宿ると考えられてきたことを物語っている。

このようにみると、ひとつの家族のなかで、家族員めいめいが個人専用の茶碗や箸、枕などをもつことの意味は、きわめて大きいといわねばならない。というのは、昔は食事どきには家族員は残らず一つところに集り、ときには奉公人も主人家族とおなじ釜、ひとつ鍋の御飯を食べ、理由なしにその席に顔をみせないのを普通ではない、良くないこととして忌み嫌った。旅行しているもののために供える陰膳《かげぜん》も、こうした感覚にささえられていた。だから、おなじ家のなかで、他の家族員にかくれて自分だけ好きなものをこしらえて食べるのを、コナベタテ（小鍋立て）、カゲナベ（陰鍋）などとよんで嫌がった。鹿児島県の一部では、奉公人が主人にかくれてする食事はもとより、主人が奉公人にかくれて食べることもブンナベ（分鍋）とよび、どちらも不愉快な、好ましくないことになっていたという。

青森県下北半島の恐山には、「小鍋立ての地獄」とよび、生前に家族にかくれて食事をつくって食べたものの行く地獄というのがあった。コナベタテは死んでから冥途でも処罰されねばならないほどに重い罪とされ、家族員共同の食生活の規律にそむく行為として、きびしく非難され、軽侮と指弾の対象になり、忌み嫌われた。個人用の食器とか寝具というのは、近代以前の社会におけるこのようにきびしい家族の共同生活、いつも飢饉の襲来を念頭において食糧の備蓄につとめ、乏しきを分けあった生活のなかで、なおかつ個人のもの、ワタクシとして主張され、その存在を公認されてきたものである。おのずから、近代人の自我とか、それにもとづく私権、プライバシーの主張といったものとは次元を異にするものであり、それらが成立する以前に、すでに存在したものである。だからまた、近代的な自我とちがって簡単に言葉にならず、理屈でも表現できない、ないしは理屈とか論理以前の、もっと根源的な人間の心のもちかたの直截な発現というほかないような、そういう意識にもとづいていると思われる。

「ワタクシ」をめぐる禁忌

近代的な自我の成立する以前に存在した個人意識を、近代人の自我と区別する意味で、以後、「ワタクシ」という言葉で表現したいが、祖先たちの保持したそのような「ワタクシ〕は、近代的な自我以前のものである以上、必然的に禁忌（タブー）とか儀礼によって、その存在をあらわす以外にないものであった。葬式のとき、出棺にあたってカド口で茶碗を割る風は広くみられるが、婚礼のときも、花嫁が生家を出るとき、おなじようなことをする地方もある。おそらくは茶碗を割ることで食物の縁を断ち、そのことで再びもどるのを妨げようとする趣旨の行為であり、呪術というべきもので、その人が日常に使ってきた茶碗を割ることで、その家の家族員として保持してきた私権、ワタクシゴトのすべてを放棄することを象徴しているとも解せられる。これは単なる儀礼といえば儀礼にすぎないけれども、久しい歴史のなかで培われてきた人々の心のもちよう、情念ともよぶべきものは、論理の次元に乗らない以上は儀式によってその存在を象徴化し、いったん生《なま》の勢いを撓めて発現させなければ表現できないような側面をもつことに留意されねばならない。

家庭や職場のなかで、他人の箸をとりちがえることは多くないが、湯呑みなどをまちがえることはある。そうしたとき、当事者たちが思わず発する言葉は、所有権とかプライバシーの侵害といった論理の世界のものではなく、潔癖さといった、言葉にならない、もっと心情的な、感覚的なものに根ざしている。そこには「土足で座敷にあがる」とか、「あがりこまれた」といえば、日本人であればそれだけでわかるような、そうした事態に通じるものがある。大袈裟にいえば、犯すべからざるものを犯したことに対する驚きとか、嫌悪の念といったものに根ざしているともいえる。近代以前の社会のきびしい共同生活のなかで、なおかつ個人のものとして主張され、その存在を公認されてきた「ワタクシ」というものは、言葉で表現し、議論したのではかえって真意の通じがたいような、家族とか村落といった具体的に存在する共同体の成員全体が、理屈ぬきで信じている禁忌の意識によって主張され、その存在を保証されてきたとみるよりないだろう。

先に、福井県の敦賀市南部の山村で、家の土間に入る前に、戸口の敷居をまたぐ前に履物の汚れに気をつかうエチケットのあったことを紹介したが、そうした作法の成立と伝承も、家の土間にはその家の人と神とがいつも同居共住しているという信仰、したがって、そこに入るには汚れた履物を忌むという禁忌の存在を措定して、はじめて説明が可能となる。個人用の食器や寝具の存在にしても、事態はまったくおなじだろう。それらを不可侵のものとみなしてきたものは、共通の信仰であり、禁忌の意識であった。きびしい家族の共同生活を維持し、秩序づけてきたものが家の神に対する信仰であるならば、そのなかで個人の「ワタクシ」を承認し、主張してきたのは個々人の保持する「霊力」に対する信仰であり、個人用の食器や寝具類が不可侵のものとされてきたのも、それらが使用主の霊魂の形代であり、その分身が宿っているとみなされたからであった。

そして、村落とか家ごとに祀られる守護神、各種共同体の秩序そのものでもある霊格と、その成員の個々人が保有している霊力とを比較するとき、たてまえとして、霊的なものの位次において、前者が優越してきたのはいうまでもない。だが、三千世界にただ一人という形で、人間のもっとも根本的なありように密着した後者の信仰が、あながちに力弱かったとは思えない。この二つのものの関係は、村々の公的な祭祀とか、それにつながる家の座敷や神棚、屋敷のカド（前庭）でおこなわれる祭儀や祖先祭と、家のすみでなされる精霊の域を脱しきれない火の神、水の神などの祭りとに、それぞれ対応しているといえるだろう。個々人の「ワタクシ」を保証してきた信仰とは、それが保持する「霊性―霊的性能」への信仰であり、台所の火の神、水の神に対する信仰以上に呪術そのものと密着し、もっとも素朴な禁忌意識そのものにすぎないともいえるし、倫理とか秩序とかよばれる抽象的な理念とはおよそ縁の遠い存在である。けれども、それは人のもっとも根源的な存在そのもののなかにひそみ、そこに直接に根を張る霊性として一歩もそこから離れることができず、ひたすら抽象化を拒否してきたものであるだけに、かえって久しく生きのこる力をもっている。すでに紹介したとおり、茶碗とか箸、枕など、個々人の日常に密着する品物をめぐって伝承されている多くの俗信が、如上の「ワタクシの霊性」に対する信仰の内実を、われわれの前に彷彿させてくれる。

しかも、私たちが今日の時点で、個人のプライバシーとか、私権ということを問題にするとき、その外見は、もっとも近代的な論理によって、だれにでもわかるように構成されている。けれども、そうしたもっとも近代的な観念を結晶させている核の部分に、上記のような個人の霊性にまつわる信仰を共同にするものでなければわからないような、禁忌意識がうけつがれているように思えてならない。プライバシーといったことをめぐって思考したり行動するとき、その踏切り台とかばねの役をするものとして、私たちが近代以前の社会からもち越してきた禁忌意識が存在し、個人の権利について抽象的に論じるのではなく、たとえばプライバシーを侵害されたといって色をなすようなとき、そうした感情の背後に、以上のことを反省するのは、けっして思いすごしではないだろう。

現在、家ごとに台所の改善や近代化が急速に進行し、原始・古代以来、家のすみずみにひそんできた精霊の域を脱しきれないさまざまな神霊が、住所を失って消滅しはじめたのは事実である。だが、そのような神霊の存在と表裏の関係をなしてきた祈禱以前といえる呪術信仰や、それと関連する各種の禁忌意識の残像は、人間のもっとも根源的な宗教意識にかかわるものとして、私たちの深層心理のなかに伝承されている。言葉をおぼえはじめたばかりの子供たちが、「ぼくのお茶碗」「わたしのお箸」などと、まわらぬ舌で自己を主張するのに目を細めている親の姿が、それを象徴しているし、私たちもまた、今日まで親たちによってそのように育てられてきた。

前章では、近代的な交通形態とか情報伝達のシステムが発達するにつれ、地域社会とその文化の自立性とか独自性を無視する風潮が拡大されてきたことを指摘した。近代と前近代との断層は、こうして形成されてきた。しかし、いっぽうで伝統的な地域社会の独自性は簡単に消滅することなく、万事に画一的な近代社会のなかで、その根底に生きつづけているのも事実である。こうしたことを、個人の権利とかプライバシーと名づけられる私たちのもっとも近代的な観念のなかに、原始古代以来の禁忌意識の残像が、さまざまに姿を変え、形を改めて潜在している事態と対比して考えるのは、けっして誤っていないと思う。人事のすべてにかぎらず、社会とその文化の万般にわたり、地域的なもの、したがって、およそ公的なものに対する、私的なものは、普遍世界の原理とか、国民国家の通念に背離するということにかかわり、近代になって特に卑小視され、無視されるばあいが格段に多くなった。けれども、民俗の名で総称されているところの、いつの時代にもあたりまえのこと、文字に書いて記録するに値しないと見すごされてきた、人間の生活文化のもっとも私的な部分の保持している生命力は、十分に評価される必要があるし、その本来のありかたは、正しく確認されねばならない。ひとびとの日常的な生活の、もっとも私的な部分での実感をともなわないまま設定される歴史の座標軸が、空疎な内容しかもちえないのは明らかだからである。

Ⅲ　ワタクシの論理

寺の行事を相談する主婦の集まり――奈良県高取町信楽寺――

ヘソクリの由来

〝三つちがいの兄《あん》さんと〟の名文句で知られる『壺阪霊験記』のお里と沢市の物語は、庶民のあいだに生きついできた一つの理想的な夫婦像であった。お里、沢市の二人は、壺阪寺のふもと、売薬の町として知られる奈良県高市郡高取町土佐の、信楽寺《しんぎょう》の境内に眠っている。以前は、西国三十三カ所の観音霊場のうち、第六番の札所になっている壺阪寺に詣ったあと、帰りに信楽寺に立寄り、二人の墓に詣る人も多かったという。扉写真は昭和四十四年の五月七日、たまたまこの信楽寺の門前を通りかかったとき、付近のおばさんたちが翌八日の花祭り、灌仏会《かんぶつえ》の行事について相談しているのを写したものである。お寺の行事の相談ということで、家事のわずらわしさから抜けだして、愉快そうに談笑しているこのおばさんたちは、お里さんの後輩であり、跡継ぎということになる。

お里、沢市の二人の夫婦愛の物語が、壺阪寺の観音さんの霊験譚として語られてきたこと、他の要素をいっさい混じえずに、ひたすら観音菩薩への信仰を通じて語られてきたことは、ともすると信仰心を見失いがちな今日のわれわれにとって意味深いものがあるように思われる。

すでにのべたとおり、オオヤケの祭儀に対するワタクシの祭りというとき、公に対する私といった漢字から連想されるような、抽象的な観念で表明されるものではなかった。それは濃厚な呪術信仰と精霊崇拝のもと、家のすみにひっそりと、もの自体のなかに潜んでいる霊格に対する信仰として存在してきた。おなじように、「三つちがいの兄さん」という言葉に集約されている夫に対する妻の側の心のもちかた、したがって主婦の座といったものも、夫を助けて家事にはげみ、家政を管理する妻の日常の行為自身のなかに潜んでいる霊的な力、霊性として認識され、評価されてきた。お里の思いつめた妻としての熱いまごころに、観世音菩薩も感応し、霊験をさずけ給うたというべきであろうが、沢市からみれば、お里自身が観音の化身であったわけである。

ヘソクリという言葉がある。これは内ふところ、おへそのあたりに貯えこみ、そこからたぐり出して使うという動作を想像し、ないしょに貯えられている小遣い銭をユーモラスに表現したものであろう。ヘソクリとは主婦が家族たち、なかでも夫にないしょに貯えるもので、めったに公開できない秘密のものということになっている。だが、こうした主婦たちのプライベートな貯蓄が、夫に内密のものになったのは、比較的新しい時代のことであったらしい。というのは、先に紹介した杉本鉞子女史の『武士の娘』のなかで、渡米して間もないころの体験談が「風習のちがい」という項目でまとめられているが、そのなかに、アメリカに来てどうしても馴染めないものの一つに、婦人たちの金銭に対するふまじめな態度があったと記されている。女史にとって、アメリカの婦人が夫にかくれてヘソクリをつくるのが、どうにも合点がゆかなかった。女が靴下のなかにお金を貯えるとか、なにかと理由をこしらえて実際の支出より多いめの金額を夫にねだり、余りをかくしておくとか、友達に借りたり、なかには夫のポケットから無断に抜きとるというとんでもない話が、まじめであるべき教会の牧師さんの説教のなかでユーモアまじりに話され、女友達の集りで、ことのいきさつを手柄顔に打明け、一同が笑いころげるといった光景が、なんともわけがわからず、そうした話題に相槌を打つのに困惑したとある。

このほか、教会でのバザーのとき、婦人たちが小さな安物ばかりを買い、高価なものには手を出さず、あとで主人が来たら買わせましょうとか、男の客が来ると高い品物が売れるというのも、わけがわからなかった。日本では、バザーで売っているような家庭用品を男が買うということは、聞いたこともなかったとある。また、女の友達と町へいっしょに買物にでかけたとき、その人は途中で夫君の勤めている事務所に立寄り、買物に必要なお金をもらっていた。これなども、わからないことの一つであったと記されている。

近代になって、職業が原則として個人に帰属するようになるまでは、武士であってもなんであっても、家計の原則は自給自足をむねとする農家のそれとおなじであった。農家では、田圃が一町歩あるとか、田八反に畑二反などといえば、年間の収穫は土地ごとにだれの眼にも明らかであるし、それは家長と主婦を筆頭に、家族全員が協力し、仕事を分担することでもたらされるものである。武士の家でも、収入は家禄であり、その家に対する禄米として、なん石という高が支給され、それで一家が生活した。だから、そこにおける家計のありかたとは、夫が家の外で働くことでもたらされる貨幣収入にすべて依存し、その範囲内で主婦たちがまったく受動的にやりくりするという、今日ふうの家計の成立する以前のものである。そこにはいくら家長の権力がつよくても、台所を預る主婦は、家事をきりまわすものとしての権限を保持し、男は家の中のことに口を出すものではないという気風が、道徳として存在していた。こうした雰囲気のなかに育った『武士の娘』の著者が、渡米した当初、完全に近代化し、家庭から離れた場所での夫の個人的な働き、夫のもたらす貨幣収入にすべてを託し、主婦をはじめとする家族員が全面的にそれに寄生しているアメリカ東部の中産階級の家庭をみてとまどったのも、理由のあることであった。

家計が夫とか家族員たちの個人的な働きではなく、家の収穫としてもたらされるものに依存していた自給的な農家では、家族員が相互に秘密の貯えをもつ根拠は薄弱である。彼らが家の仕事をする以外に余分に働いて得たものは、当人の甲斐性として公認されるべき性格のものとなり、プライベートな貯えごとも、内密にする筋合いのものではない。

たとえば、ヘソクリを意味する方言のなかでもっとも多いものは、家庭内で女性が身のまわりに置く小箱の類のよび名でもって、ヘソクリをさしている例である。東北地方でザモバコとよぶのは、ほんらいは女たちが私有物を入れる箱で、針さし、ハサミの類や、布切れなどを入れたが、こうした箱を日常に使わなくなった後にもその名前だけが残り、そのままヘソクリを意味する言葉に転化したものである。ヘソクリをオボケゼニ（苧桶銭）とかハリバコギン（針箱銀）とよぶのも同類で、いずれもこれらの道具がヘソクリをしまうのに便利であり、そのことをだれもが認めていたからだろう。実際に、他人のオボケや針箱をかきまわすと指が腐るなどといわれ、いくらないしょの金でも、これらの道具のなかに貯えこむのは女の権利として、いわば公然の秘密として認められていた。お金を貯えるのがないしょであったのではなく、その金額を公表しなかっただけである。

オボケ（苧桶）というのは紡いだ麻糸をいれておく桶のことで、裁縫道具を入れる針箱とならび、昔から女の表道具とされてきた。なにごとも自給自足をむねとした時代には、女は子供のときから苧桶をあたえられ、秋のはじめから長い冬のあいだ、イロリのそばで夜なべ仕事に麻糸を紡ぐことを習った。綿の栽培は、江戸時代のはじめ、十七世紀のころから普及しはじめ、やがて庶民のあいだで木綿着は肌着と仕事着の王座を占めるようになったが、綿は霜害に弱く、栽培は暖い地方に限られていたから、夏の短い東北日本や、西国でも山間の村々では、明治の末、なかには大正のはじめごろまで、麻の仕事着をやめるわけにはゆかなかった。木綿は繊維の一本一本がちぢれているので、秋のはじめに実をとると、種をのぞいて綿打ちにかけてほぐし、篠巻きにしたのを糸車にかけて機械的に紡ぐことができる。これにくらべて麻糸を紡ぐのは三倍以上の手間がかかり、夜、イロリの火を明りにして繊維をほぐし、指先をツバでしめしてイロリの灰をつけ、一本ずつ紡いではつなぎ、苧桶のなかに入れてゆく、器用な人でも毎晩三時間夜なべして、二週間ほどかかってやっと麻布一反分の縦糸と横糸になるという、はてしのないねむい仕事であった。

神社拝殿に掲げられている「綿入れ四寸褄」の奉納額。――京都府相楽郡和束町園の天神社――

苧桶と奉公人の開墾地

ふつう大人一年分の衣料は一人三反、老人と子供は一反とされた。これだけのものを家族の数だけ用意するわけで、秋のはじめ、麻を収穫してから翌年の春に耕作のはじまるまでの間に、糸にして織りあげ、着物に縫いあげるわけであるから、家内中の女手は、すべてこのために動員された。そして、少し大きくなると、機織りをならい、裁縫をはじめる。上掲の写真は京都府相楽郡和束《わづか》町の園《その》の天神社の拝殿に掲げられている綿入れ四寸褄《づま》の奉納額である。昔は村で裁縫の上手な人をお師匠さんにたのんで弟子入りし、お針子になって習ったが、綿入れ四寸褄がつくれるようになると一人前といい、記念の作品を写真のように額にして氏神さんに奉納したとのことで、いまでいえば家政科被服工作の卒業製作にあたる。これなどはかなり裕福な村の例であるが、裁縫をはじめるとめいめいが針箱をもつのは、どこの村でもおこなわれた。そして、この針箱は苧桶とならんで女一生の持物として身近に置き、嫁入りにも持参し、女性にとっては身体の一部であり、持主の分霊が宿る分身といえるほどのものであった。

他人の苧桶や針箱をかきまわすと指が腐るといわれたのはこのためであり、女房の針箱や苧桶をのぞく亭主は、それだけで村の笑いものになったという。京都府北部の丹波の山村で女のワタクシとよばれたものは、ヘソクリではあるが全く公然の計画で、主婦たちが家の仕事をすませたあと、よその家に手伝いに行ったり、夜なべに余分の俵を編んだりして得た収入をワタクシとよんで別に貯金し、自分の小遣いにして子供たちのものを買ったりした。この地方では、子供のころ、母親が自分で貯えたワタクシのなかから赤い鼻緒の下駄を買ってくれたときの嬉しさを記憶していた老人が、最近まで残っていた。ワタクシというのは抽象的な名辞として使われていたのではなく、つねに具体的な事物に即して用いられ、家族員の私的な貯えそのものをさす言葉としても使われていた。鹿児島県の南、薩南列島でいわれる女のワタクシとなると、現金ばかりか実家の親から分与された田畑とか、牛や豚など、だれの目にも明らかな財物まで含まれていたという。

昔、「親方日照りに名子が泣く」という諺があった。五月雨《さみだれ》のなかで本田に植付けられた稲苗は、三伏の暑中に株を張り、急速に生育する。その度は高温多湿であるほど良好で、日中は炎天がつづき、夜間になって雨が降ると夜の放射冷却が妨げられ、昼間に吸収された地熱がそのまま残って稲の生育には最適の条件となる。このような天気がつづくと、地主親方の御機嫌は最高である。けれども、日中は親方の田に入り、炎天下に大汗をかいて草取りなどの仕事をしたあと、夜になってから自分の所有するホマチ、シンガイなどの田畑を耕す名子の身にとっては、まさに泣き面に蜂であり、無情な天気というほかないという意味である。

ホマチとは「外持ち」とも書かれ、ホリタとかホッタ(堀田)ともいうし、シンガイは「新開」のことで、いずれも本田のほかに新たに開墾された場所のことである。公地公民制の実施されていた奈良時代に、「三世一身の法」とか「永世私財の法」とよばれ、墾田にかぎって私有を認める法令の出されたことは有名であるが、その後も開墾地はその地の所有者ではなくて、開墾したものの私財にするという慣行は、久しいあいだつづけられた。地主手作りとよんで、たくさんの下男を使って耕作をした家では、下男たちが主人の家の仕事のあい間に開墾した土地は、そのまま彼らの私財にすることを認め、そこからの収穫を給金の代りにしたとか、次男・三男が親の家にいるあいだにシンガイを作り、分家独立するときの基本財産にしたという例はきわめて多い。名子たちが所持したホマチとかシンガイというのは、こういういきさつで奉公人たちが私財にすることを親方地主に認められ、独立して用益権を保証されていた田畑のことである。

そして、もとは以上のような意味であったホリタ、シンガイなどという言葉が、そのまま いわゆるヘソクリの呼び名になっている地方もかなりある。ということは、逆にヘソクリが、もとは単なる内密の貯金の類であったのではなく、古い時代ほど個々の家族員は家長の強力な統率下にありながら、かえってめいめいが自分の働きにより、私財を公然と保有する権利というべきものをもっていたという、そうした事態に由来していることを物語っているように思われる。

東大寺の正倉院に遺されている奈良時代の戸籍・計帳の断簡には、戸主以外の家族員が個人的に奴婢を所有している例が少なくない。神亀三年（七二六）の山城国愛宕《おたぎ》郡出雲郷雲下里の計帳にみられる出雲臣麻呂《いずものおみまろ》の戸では、戸主の母親が奴を一人、戸主の弟の乙麻呂が三人の奴婢、その弟の弓麻呂と沙美《さみ》麻呂がそれぞれ婢と奴を一人ずつ、そして乙麻呂の妻の大家売《おおやかめ》にいたっては、十一人の奴婢を所有しているように記載されている。こういう事態を理解するためにも、かつての村落で主婦たちのヘソクリの隠し場所と関連し、他人の針箱や苧桶をかきまわすと指が腐るとか、女房の針箱をのぞく亭主が、それだけで笑いものになったと伝えられていることは、意味深いと思われる。

というのは、すでに述べたところであるが、「天賦人権」といった形で民族や国境を越え、そのまま全世界に通用するような、普遍的な理性にもとづく近代の論理の成立する以前に、家とか村落内部にあって実際に成員個々の私権を保障したものは、必然的に原始以来の呪術信仰や、精霊崇拝、ないしは禁忌に依拠しなければ自身で自立できないような、前近代の倫理意識というべきものではなかったろうか。具体的にいえば「一寸の虫にも五分の魂」という形で、人にはそれぞれ生きているあいだはその人の身体から遊離できないたましいがあり、その力を無視するものはかならず災厄をうけると信じられ、不可侵なるものを侵害したとして指弾され、集団の嫌悪と軽侮をうけた。ある事物は使用主の分霊が宿っているから、うっかり手をつけると祟りがあるとされ、特定の手続き、したがって呪術によって自らの分霊を宿らせれば、それでもって私権が保持できるといった、大きくいえば民族、実際には個々の村落や家族の成員共同の信仰によって、秩序づけがなされていたと考えられる。

サンズ縄と柴挿し

柳田国男氏の『遠野物語』には、岩手県遠野の和野の嘉兵衛という近在で高名な狩人が、ある日、狩にでかけて山中で小屋掛けする機会を失い、夜になったのでやむなく大木の根もとに座を占め、万一のために持参していた魔除けのサンズ縄を、背にする大木と自分の周囲に引回し、山の神から地面を借りたうえ、鉄砲を両腕で抱いてまどろんだという話がある。死んでから往くあの世とこの世の境にある川を三途の川とよぶように、サンズ縄とは夜の山中の魔界とこの世をへだてるマジナイ（呪い）の縄であり、結界するという霊力をもつ縄である。杣師《そまし》たちは、山仕事の手違いなどで山中に仮泊するのを余儀なくされたとき、「柴挿し《しばさ》」などとよび、榊など常緑樹の小枝をとってきて仮泊地の四隅に挿し、山の神に「一晩、宿を貸して下さい」と祈って野宿するのを作法とした。あるいは、山のなかで用便するときは、あらかじめその場にツバを吐き、「山の神さん退《の》いてくれ」と頼んでからしなければならないともいう。

山野の資源を占有し、自分のために用益しようとするとき、なによりも自らの保持する霊性のすべてをその場にたたきつけ、あらゆる呪法をこらして結界し、境を定めて山野の神霊にそのことを承認してもらう必要があった。シバ（柴）を仮泊地の四隅に挿し、用便の前にツバを吐くのもそのための儀礼であり、呪術である。そして、こうした手続きを踏んで獲得された「ワタクシ」の権限と不可侵性は、その呪法を通じて信仰をおなじくする人たちに公認され、村落であるとか、部族や氏族、同族とか家族や近隣など、その所属するさまざまな社会集団の共同の信仰としての禁忌によって保障されてきた。

『万葉集』巻七には、

葛城《かづらき》の　高間《たかま》の草野《かやの》　早領《はやし》りて　標刺《しめさ》さましを　今ぞ悔しき（一三三七）

とか、

三島江の　玉江の薦《こも》を　標《し》めしより　己《おの》がとぞ思ふ　いまだ刈らねど（一三四八）

という歌が伝えられている。いずれも「標《しめ》をさす」という行為にかこつけて男女間の約束ごとを歌ったものであるが、こういう歌のつくられた背後には、先の「柴挿し」とおなじように、山野を占有して用益するにあたり、特定の、簡単ではあっても誰れの眼にも明らかな儀礼の、古くから存在していたことがうかがわれる。

もっとも、一般にこうした山野の占有儀礼が比較的広汎に残っているのは、山林原野に対する排他的独占ないし私有という観念が、日本ではなかなか成熟しなかったことのあらわれとされている。これに対して、宅地や、園地とよばれた宅地に付属する畑地をはじめ、耕地については、世帯共同体ともよばれる家父長的大家族による占拠と私有制は、かなり早くから出現し、原始以来の氏族共同体は、はやくその陰にかくれはじめた。やがて、このなかから血縁範囲のより小さな家父長制個別家族が、生産と消費の単位として明確に姿をととのえ、この個別家族を主体として土地の私有制が展開し、確立されると、こうした家族を成員として地縁的な村落共同体が出現する。山林原野は村落共同体に付属する共有地として村落の名で排他的に独占され、村落成員の共同用益に供せられ、村落共同体はこうした共有地をもつことにより、それ自身が再生産されるようになる。そして、『万葉集』の時代である七〜八世紀のころは、緩慢ではあるが、以上の動きが次第に確実となった重要な過渡期とみなされている。

しかし、原始・古代の社会から中世までという、きわめて長い年月をかけてなされた地縁村落形成の大筋を、これだけと考えるのは少し片手落ちといえるだろう。もちろん、この表面上の推移、社会の表向きのたてまえとしては、上記のように理解してよい。それでもって説明は完結している。だが、人間の精神史としてみるばあい、いままでみてきた人間個々人に付属する「ワタクシ」の存在と、それの保持する「霊力」、「ワタクシの霊性」とよぶべきものの問題は、人間のもっとも根源的なありかたに直接かかわっているだけに、簡単に除外し、無視するわけにはゆかない。

無主の山野を占有して切りひらき、長い年月をかけながら恒久的な耕地に育てて私有化した主体といえば、客観的には、族長とか長老衆、家長たちに統率された諸集団であり、社会発展の観点からは、氏族とか同族、村落やら個別家族といった血縁的、ないしは地縁的な諸共同体のありかたが、主たる問題になる。しかし、実際に人々の働きに即してみるならば、人の営みとしてあまりに普遍的であり、本質的であるために、かえって文字や言葉で現わされることも少なく、あらためて人の意識にのぼりにくいことであるが、歴史にのこるどのような事業も、すべてそれに参加したひとりひとりの生命が、その全力と全霊をあげ、たがいに協力しあってなしとげたもので、それを一部の指導者や集団の功績として片付けてよいものは一つもない。

必然的に、そこには表立った動きはなくても、諸種の共同体の成員ひとりひとりが保持し、保持すると堅く信じられていた「ワタクシの霊力」がつねに潜在していたはずである。原始の血縁共同体の解体、原始社会からの離陸の問題ひとつを取上げるにしても、これを家父長制家族の成立の視座からだけで解説するのは、あまりに平板すぎよう。人間の精神史はもっと複雑であったはずである。氏族や部族の守護霊が村や家の神に結実し、あるいは地域の神、国の神に膨張し、飛躍した背後には、たとえ近代人の自我とは本質を異にし、つねに受身の姿勢を余儀なくされていたとしても、ことの最初から諸共同体内部における成員ひとりひとりの「ワタクシ」と、それの保持する霊性の問題がひそんでおり、それとの格闘なしにことが進展したとは思えない。

疎外されたワタクシ

一二〇頁の写真は、すでに紹介した京都府相楽郡山城町上狛の盆の行事のうち、村の人が「ムエン（無縁）さん」のお供えとよんでいる餓鬼棚の一種である。

どこでも似たような形をとるが、この村でも盆になると、新仏のある家では仏壇のほか

餓鬼棚。土地の人は「ムエンさん（無縁仏）のお供養」と呼び、ザルやフルイに蓮か里芋の葉を敷き、野菜を盛って部屋や縁側の隅に供える。

に精霊棚とよぶ臨時の祭壇を座敷の床の間などに設け、屋敷のカド（前庭）に盆の切子灯籠を吊す。新仏のない家では仏壇を飾るだけであるが、どちらもそうして自分の家の死者や祖先の霊を祭るとともに、「ムエンさんのお供え」とよぶ餓鬼棚を、忘れずに用意する。それは写真のようにザル（笊）やフルイ（篩）に野菜などを入れ、座敷の縁側などに置く簡単なものであるが、これで無縁仏などともいう、祀ってくれる子孫をもたない不幸な亡霊を供養する。

柳田国男氏は、『信州随筆』（『全集』巻二二）に収められている「新野《にいの》の盆踊」という文章で、長野県下伊那郡阿南町の、旧旦開《あさけ》村新野の盆行事を例にとりながら、かつての日、盆の行事が村人にとって華やかな喜びであった一面、祀ってくれる人のない亡霊をも供養して送るという沈鬱な翳りの部分をともない、それによって行事自身の味わいも、かえって深かったゆえんを的確に指摘していられる。ここでは盆の十六日の晩おそくというより、翌十七日の払暁直前という時刻に、「踊神送り《おどりがみおく》」ということがなされ、十四日の晩から三晩つづく踊りが大団円となる。

皆が精いっぱいに踊ったあと、東の空がそろそろ白みはじめる直前のころ、村の長老たちがぼつぼつ踊神を送ろうといいだすと、それまでの輪踊りは最後の一区切りを終えてから、「能登」とよぶ曲目に移り、やがていくつかの手順を踏んだあと、踊り手たちは行進の隊形をとり、かねて新仏のある家から集めてある切子灯籠を先頭に、鉦を叩き、念仏を足拍子にし、村はずれまで進む。一行が村境の場所に到着すると鉄砲を何発か放ち、切子灯籠に火をつけて焼く。そのとき、村で修験の役を勤めてきたものが九字を切って唱えごとをし、刀を抜いて灯籠を二つに切り、火をつけたあとは、一同は後を見ないで足早に帰ることになっている。

この作法は、明らかに仏教渡来以前からの亡霊の祭却、お祭りしたあとに村の外へ送りだす古式を残すといえるものである。この地の踊りの曲目のなかに「スクイサ」と呼ばれているものがあるが、そうした曲名の起りは、

ひだるけりゃこそ　スクイサに来たに、
入れてたもれよ　ひとすくひ、

という歌の文句からきている。スクイサというのは、飢饉のとき、食物のない人たちに粥をふるまった救助小屋、お救い小屋のことといわれる。新野の村を南北に縦断している遠州街道（国道一五一号線）の栃洞《とちほら》は、新野の村の南の端にあたっているが、街道の傍には、十八世紀の八十年代にあたる天明の飢饉のとき、どこからか流亡してきて村内の街道筋で餓死していた七十三人の霊をとむらうため、寛政二年（一七九〇）に建てられた「南無阿弥陀仏」の六字の名号を刻んだ石碑がある。天保四年（一八三三）の飢饉のときも、おなじように多くの行路餓死者を村内の殿林の新墓地に埋葬したと伝える。こうした凄惨な飢饉の記憶のまだなまなましいときに、この世に怨みをのこして逝った幾多の亡霊を慰めかね、ようやく生きのびることのできた人たちが、心の不安を散らすため、「スクイサ」のようなもの悲しい歌詞の踊りを一時期に流行させ、それが新野にも伝播して、今日まで伝えられたものと考えられている。

祀ってくれる子孫をもたない亡霊というのは、祖霊になることのできない、したがって帰属すべき共同体をもたない、ばらばらに切離された個々人の霊の群れであり、「オオヤケ」から断絶し、見放された「ワタクシ」の霊の集りといえるだろう。「御霊《ごりよう》」というと、早良《さわら》親王（崇道天皇）、藤原広嗣から火雷天神（菅原道真）までの、いわゆる「八所御霊」をあげるのが通例になっている。奈良時代から平安時代にかけて発生した中央政界での政争の犠牲者たちは、早良親王をはじめとして多く数えることができるが、平安京の住民たちは、くりかえし襲来する疫病の原因を、これら政争の犠牲者たち、恨みをのこしてこの世を去った人たちの怨霊のせいとみなし、これを鎮め祓う祭りとしての御霊会《ごりょうえ》を創始した。そのなかから天満天神の信仰とか、紫野の今宮や、祇園の御霊会が発生し、都市に成立した祭礼として、これらの祭りのもつ華麗な行粧は、全国に伝えられて各地の祭礼に大きな影響をあたえた。

しかし、この世に恨みをのこして逝ったものは、けっしてこれだけではない。飢饉と疫病はくりかえし襲来したし、戦乱のたびにも、無辜の民の命は虫けらのように奪われた。

どのような人でも、生まれおちたときは帰属する共同体をもち、家や村の一員であるのが普通である。親や兄姉、親類縁者や、近隣の人の祝福のもとに生を稟《う》ける。だが、死ぬときは必ずしもそうとはかぎらない。人生行路は人さまざまである。「畳の上で死にたい」というのは、今日のように、病院ではなく自宅に帰って——といった、ぜいたくな意味ではない。山野や路傍に骸《むくろ》をさらさないですむよう、せめて子供たちにかこまれ、みとられながら臨終を迎えたいという、人間として最小限の願いであった。祖先たちの生活は、一面ではそれほどに力弱く、一家離散どころか、村全体が、あるいは一家一門あげて破滅の淵に沈み、一挙に散乱させられ、滅亡させられる危険にたえずさらされていた。そして、いちど生まれおちた家や村から、なにかの拍子で脱落したものは、冷酷な世間の風をまともに受けねばならなかった。

飢饉が生んだ無縁の霊魂

天明の飢饉のとき、新野の村の街道筋で、餓死したものが七十三人もあったという事実は、けっしてこの村の非情さを示すものではない。どこからか流亡してきた人たちが門口に立って食を乞うても、あたえるものはない。また、施しだしたら、それこそ際限のないことになる。街道筋にそれらしい他国者の姿をみかけたら、人々はいそいで大戸をおろし、息をひそめてかかわりあわないようにする。朝早く、軒下などで冷たくなっている餓死者の骸をみたら、人に知られないうちにそっと村はずれまで運び、それがたび重なって七十三という数になったわけである。飢饉の余燼のようやく収まった寛政二年（一七九〇）という年に、村はずれの栃洞に、一二五頁の写真のような供養碑を建てた村の人の気持も、推測してやる必要がある。

飢饉というのは学者のつけたよび名で、実際には巳年《みどし》のケカチとか、寅年《とらどし》のケカチなどとよんで、その惨状を語り伝えている地方と、ガシンとよんでいる地方とがある。前者は飢渇のことで、いわば食糧不足といった意味である。これに対して後者は、餓死という飢

長野県下伊那郡阿南町栃洞の街道傍の六字名号碑。

饉のもっとも悲惨な結果を直接にあらわす言葉が訛ったものである。こうした言葉づかいの違いは、近い時代に経験した飢饉の激しさの差異にもとづくものと考えられているが、とくに東北日本は、現在のように寒冷地に適した品種も発見されていないのに、いわゆる徳川幕府の米づかい経済に巻込まれて米作を強行したため、幕藩制の矛盾が飢饉、凶作という形でもっとも集中的に現われた地方であった。なかにはいろいろな兆候から冷害を予測し、いそいでその年は稗作に切替えて助かったという伝承をもつ村もあると聞くが、この地方はいちばん近い事例である幕末・維新期の飢饉にも大きな打撃をうけ、近い時代のことであるため、その惨状の一部が体験者の見聞を直接に記録する形で伝えられている。そうしたものを読んでみると、飢饉のときに最初に犠牲になるのは、有力な後楯をもたないもの、親類縁者とか、親しい仲間や近隣をもたない人たちであった。苦しさに耐えかね、些細な噂をあてにして移住すれば、その先では新来者としてさらに冷たい仕打ちをうけ、結局は流亡して路傍に餓死しなければならなかった。逆に苦しんでいるものをそそのかして村外に出してやり、自分はその跡に入りこんでうまく生きのびるという悪がしこいものもあったという。

こうした事情は、時代を遡れば国の中央地帯でも、それほど変ることはなかったろう。私たちの祖先が、一家一門そろって平穏に正月や盆を迎えることができたとき、かえって祀ってくれる子孫をもたない亡霊、帰属すべき家も村もない無縁の霊魂のことを、重く想い浮べたのは当然であった。盆の日に、「無縁さん」とか「餓鬼棚」の名で家のすみに祀られているものは、かつて祖先たちが、もっとも畏れはばかったものの霊魂であった。軒下で冷たくなっている餓死者の遺体を村はずれまで運んだ記憶をもつような人々には、その思いは深刻だったろう。身辺が平穏であるほど、それは強かったにちがいない。

村とか一門一家でなされる神事や仏事法会の類は、こうして、いつも村や家の神とか、祖霊を迎えて祭り、饗応したり供養するだけではなかった。村や一門一家の外に遍満する荒ぶる神霊や霊魂、帰属するところをもたないものの亡霊や、正体がわからないからこそ恐ろしい諸精霊を招き、慰撫し、鎮めて送る必要があった。仏教の教える「三界ノ万霊」

とは、こういう意味に使われた。祖先たちは村の外、広い世間を荒ぶる神や霊魂の遍満するところと観じていたし、仏教はこうした信仰に乗じ、三界の万霊を慰和する宗教として受けいれられたふしがある。

そして、現実に村や家の誠実な成員として、日夜平穏に暮しているものでも、誠実であるために、かえって予期しない事故に遭遇すると、そのまま祀ってくれるもののない亡霊の仲間入りする可能性を、つねに孕んでいた。あるいは、なにかのことでこの世に怒りをなし、怨みをいだき、追い詰められたものは、激情の赴くまま、われしらずにこの世で所属してきたところから出奔し、生きたまま、あるいは死をえらぶことで、自らいわゆる御霊、怨霊の群れに投ずるものもめずらしくなかった。であるから、共同体の外に浮遊している帰属するところのない亡魂の力とは、ほかでもなく、この世で実際に村や家の成員であるものが、めいめい自らのうちに保持している「ワタクシ」の霊力の反映であり、前者は後者の分身とみることができる。

蒸発、放浪の老人の話

最近の事例であるが、昭和四十四年の秋、奈良県と大阪府の境にある二上山の中腹の岩穴に、七十三歳になるおじいさんが、ひとりで隠れて住んでいるのがみつかった。第二次大戦直後のころから、この山中に人が住んでいるという付近の評判であったのが、奈良県高田署の署員が巡回中に確認したもので、耳が遠く、言葉も不明瞭なため、筆談してやっと名前や出身地をつきとめた。さっそく東北の郷里に照会したところ、このおじいさんは昭和十二年ごろ、郷里の村で放火事件を起した。すぐ警察に捕えられたが、そこで心神喪失状態になり、自宅にかえされて保護されているうち、起訴前に姿を消し、そのまま行方不明になって三十二年、放火事件のほうも時効になっていることがわかったという。

また、四十六年の二月には、前年の夏、大阪府千里山で開催されていた万国博覧会を見物に静岡県から親戚のものといっしょにきていた老人が、水曜広場の休憩所で姿を消したままで行方不明になっていたのが、百七十四日ぶりに博覧会の跡地付近でみつかった例もある。

二上山の老人のほうは、山麓部の村の人たちの話では、毎朝はやく山を降り、奈良県側では御所《ごせ》市や大和高田市、北葛城郡新庄町(現・葛城市)へ出て、家々をまわって食物や衣類などをもらっていたらしい。発見されたとき、住んでいた岩穴のなかは古い板やこわれた障子などで囲み、蒲団から下着類まできちんと揃え、鍋や釜、茶碗などの食器類や、新しい週刊誌まであった。服装は古い背広に作業ズボン、地下たび姿でこざっぱりしていて、一見して農家のおじいさん風、高田署で事情を聞かれたとき、俗世間で暮すより山の生活のほうがよい、郷里の村へは七十五歳になったら帰ると答え、当分は住んでいた岩穴に近いお寺に身を寄せることになったと報道された。また、万国博の会場から蒸発した老人は、家族がただちに保護願いを出して必死に探し、「万博迷い人」として公開捜査されているなかで、半年近くも放浪生活をつづけていた。

本人のおぼろげな記憶をたどると、万国博の会場であまり奥に入りすぎ、気がついたら一行からはぐれていた。連れを探したがみつからず、その晩はなにも食べずに田圃のくぼみで寝た。懐中に五百円ほどのお金をもっていたのに、翌日から郷里への道をたずねながら歩きはじめ、静岡県の自分の家のある町まで着いた。だがなぜか家には立寄らず、自分の兄の住む東京へ行くつもりでふたたび歩きだしたが、気がついたら大阪にもどっていたという。保護された場所は博覧会場の南口になっていたところから五百メートルほど離れた、公務員関係の宿舎になっている鉄筋アパートの団地内で、夕方からベランダの前で寝ていたのを団地の人にあやしまれ、所轄の吹田《すいた》署に連絡して事情が判明した。保護されたときは完全なルンペンスタイルになっていて、鍋と炬燵の掛け蒲団、ゴザに百円玉二つと百円札一枚の計三百円の所持金をもち、吹田署員に、ここは東京ですか、横浜ですかとたずねたという。

鉄筋アパートの団地では、ベランダの前に寝ていただけで不審に思われ、警察に通報されたが、一方、放浪中にはルンペン姿になりきっているこの人に、泊ってゆきなさいと声をかけてくれる人さえあって、けっこう淋しくなかったらしい。おなじ日本の社会に二種類の人間が住んでいる思いがする。

この事件で、私たち第三者がいちばん知りたいのは、この老人が郷里の町までたどりつきながら、なぜ家にもどらなかったのか、また、お金をまったく持っていなかったわけでないのに、どうして家に連絡しようとしなかったのかという点である。こうした記者たちの質問に対して、「おっかあも死んで、ひとりもん、帰ってもさびしいから」とうすら笑いするだけで、「金がかかるから」家へ連絡しなかったという、要領をえない返答しかなされていない。しかし、考えてみれば、われわれ第三者に納得ゆくようにちゃんと説明できる人なら、こうした事件は起さなかったのではなかろうか。

自分の住んでいる団地のなかに、見知らぬ老人が寝ているのをみてすぐ不審に思う人たちは、他人も自分とおなじように合理的に思惟し、行動すると信じ、自分の行動の意味を、言葉でもって他人に説明し、伝えることのできる人である。逆に、この老人に泊って行けと声をかけた人は、合理的思惟の環が途中でとぎれていても、べつに意に介しない人といってもよいだろう。この二つの人柄は、一人の人間のなかに潜んでいるたがいに背馳する二つの側面ということもでき、おなじ人でも時と場合によって、そのうちのどちらかが表面に出るというふうに理解してもよいだろう。そして、以上に紹介した二人の老人のように、第三者がみて理解しかねる放浪生活に入ったような人は、後者の気質の強い人か、なにかの拍子で後者の性向が人格のすべてを支配した結果といってよいのではなかろうか。

うろおぼえであるが、ごく小さいときに見聞した事件である。ある老人が息子の嫁と折りあいが悪く、あるとき嫁のちょっとした返事のしかたに腹を立て、そのままぷいと家を出て、行方不明になってしまった。家族はもとより、近所一同が心配していると、三日ほどしてから、どこをどう歩き、どこで寝たのか、身体中いっぱい泥だらけにしてふらりと家にもどり、台所にあった御飯をおどろくほど食べて横になり、一昼夜ほど寝つづけた。結局、そのおじいさんは、亡くなるまで、この三日間の行動をつれあいのおばあさんにも話さずじまいだったが、その事件のさなか、大人たちの異様に熱っぽい雰囲気、神隠しといった言葉もそのときはじめて居合わせた老人の口から実感をもって聞き、思わず身体が震えた記憶がある。

現在では蒸発という言葉が用いられているが、家出、そして放浪という事態には、大きくいって二つの場合があるように思う。一つは最初から最後まで明確な意図と目標をもち、醒めた心で計画的、意識的になしとげる場合である。これを徹底して冷静になしとげるのは、よほど傑出した人でないとできないことである。これに対して、前論理的な生活になずみ、強靭な合理性をつらぬけない性向の濃い人、あるいはそのような状態になった人は、なにかのきっかけ、本人の責任ではなくて、だれかにそそのかされ、暗示をかけられる場合もあろうし、出来心というか、いったんの激情でもよいし、魔がさすという言葉であらわされるような憑かれた心でことがはじまると、一つの偶然が次の偶然をよび起す。あるハプニングが契機となって次のハプニングが連鎖反応し、次々とハプニングが積重なると、いつのまにかそうした偶然の連鎖に本人が呪縛されてしまい、第三者からみれば浮草のように漂泊し、それが常態化しはじめる。二上山でみつかった老人にしても、万国博覧会の会場から失踪した老人にしても、その放浪の軌跡はこのように理解すべきではなかろうか。

だから、そのまま迷宮入りとなれば、残された人にとっては万事が永遠のナゾとなり、その人の霊はどこをさまよっているだろうということになる。たまたま偶然が作用して、もとの家や村にもどり、だれか知合いにみつけだされたとしても、ことの発端からもとのさやにおさまるまでの中途の環を、的確にあとづけることはむつかしい。偶然の連鎖に呪縛され、意志も計画も働かずに他律的に動いてしまった人の軌跡を、後からなぜ？　と問いつめてみても、納得のゆく合理的な返事が帰ってくるはずはない。昔の人がこれをもって「神隠し」とよんだのは、かえって事態の真相を正しく表現するものといえそうである。

というのは、ことが不合理に貫かれている以上、合理的な返事をもとめて問いつめれば、話はかならず一定のところで壁にぶつかり、要領をえない曖昧さのなかに、問うものも答えるものも口をつぐんでしまう。だが、逆に問うほうがとほうもない神秘的な事態があったにちがいないと信じ、それを期待して質問を重ねたら、応答はかならず雲をよび、風をはらんで天空を飛翔しはじめる。天狗につれられて諸国を漫遊したとか、魔王の従者になって冥界と往復したといった類の話は、いろいろと文献にも記録され、各地に伝承されている。これらは、この世に「神隠し」のあることを信じ、この世での苦難からの解放をねがって、その発現を期待していたような人たちが、今日なら単なる失踪事件に含めて処理してしまうものを、相互に暗示をかけあった応答のなかで、話を夢幻の世界に飛躍させた結果とみてよいだろう。

かつて現世の諸共同体の秩序にもっとも忠実であり、従順であったものが、なにかのはずみで生まれながらに帰属していた群れから疎外され、あるいは自ら離反し、思いがけずに脱落すると、そのときから糸の切れた凧のように、偶然に呪縛されて漂泊する以外になかった。ことの本質は、以上にみてきた事例から理解できるだろう。近代的な合理主義的人間が輩出する以前の、群れの一員としてのみ生きていた人間ひとりの「ワタクシ」は、ひとりになったとき、前論理の連鎖に従ってしか歩けないような、そういう人として理解してよさそうである。だからこそ、昔の人は天涯孤独の恐ろしさを、本能的に知悉していた。帰属すべき共同体をもたないものの亡霊は、すでにのべたように共同体のなかに生きる個々の「ワタクシ」の影であり、それは戦乱とか災害、集団や個人の怨恨その他、さまざまな原因によって群れから縁を切られ、現実に流浪し、漂泊するものの生態と重なり、共同体の外にある霊界、ないしは魔界の実在することを、人々の前に明示するものであった。この意味で、「神隠し」とは恐ろしいことであり、この言葉を口にするとき、人々は怪異にみちた幻影を、さまざまな形で脳裏に彷彿させてきたわけである。

このことと関連して、柳田国男氏はその著『山の人生』のなかで、この世に憤りをもった人が山に隠れ、ときに出産前後の女性が半ば発狂状態で山に入り、いわゆる山男とか山女とよばれるものになったという各地に伝えられる事例を追跡され、こうした行為の背後に共通して存在したものは、山に対して伝統的に抱かれてきた、一つの隠れた信仰であったと論じていられる。

現在では、家出して放浪するものは、いかに誇りたかきものであっても他家の余った食物をもらいうけるか、なにかの方法で金銭を手に入れなければ、生命を維持することは不可能である。これにくらべて、万事に自給自足をむねとしていた時代、とくに村落で生まれ育った人たちは、山野で採集できる食糧についての知識を、小さいときから実地に教えこまれていた。どれを食べてはいけない、なにが食べられるという植物や動物についての、経験的知識の積重ねの量は、われわれの想像以上に多かった。昔の村に発生した家出人たちが、人家の周辺をうろつく今日ふうのルンペンにならず、山に入って姿を消し、いわゆる山男や山女になりきることのできた理由は、こういう点に求めることができる。しかし、そうした彼らを里から山へ吸いよせた理由、村を出奔したものが一直線といってよいほど山に入り、山にかくれるものが多かったことの背後には、生業と日常の生活を通じて山と里との間に介在してきた依存と背離、連続と隔絶の微妙な関係、山に対する伝統的な、隠れた信仰というよりほかにないものが、潜在している。

これを信仰の名でよぶのは紛らわしいというならば、それは、帰属すべき群れから絶縁した個々の「ワタクシ」が、必然的にたどる前論理的な思惟と、行動の定式という表現に置きかえてもよいが、とにかく、そこには、山はこの世の一部であるけれど、同時に人里とは隔絶した神秘な霊異の世界をなしているという伝統的な想念が、無意識のうちに大きく作用している。というのは、先に紹介した二上山でみつかった老人とか、万国博覧会の会場から失踪した老人の話をもういちど検討すると、この人たちの行動は、戦乱とか飢饉の結果として漂泊、流浪した人とは少し様子がちがっている。抗うことのできない外からの暴力によって所属する村や家を失ったのではなく、本人自身が無意識のうちに抱いていた不満といったものが、ことの発端になっているように推測される。それは、近代的な自我の抱く自覚された意識的、意図的なものではなく、本人自身も実体のわからないような、なにか満たされない心であり、幼児がしばしば示すような、人間の根源的な感情の発作としかいいようのないものと思われる。

「この世に対して憤りを抱いて山に入った人」と柳田氏が評されたのは、このような類型に属しているのではなかろうか。くりかえし述べたとおり、「一寸の虫」に住んでいる「五分の魂」は、共同体の一員としてでなければ、自身で存立できない個人であるのは明らかである。にもかかわらず、そうした個人の「ワタクシ」が三千世界のなかのただ一人として、無意識のうちに所属してきた共同体の枠外に逸脱し、離反する場合も、人間の社会であるからには十分にありえた。さまざまな理由にもとづき、家や村のなかで疎外をうけ、抑圧された個々の「ワタクシ」が、いったんの激情にまかせて無計画に暴発する事例は、近代的自我の自覚された抵抗とか、意識的な反逆の成立する余地のないときに、かえってしばしば起りうると考えられる。そして、そのような暴発をとげた「ワタクシ」は、一人立ちのできない魂である以上は、その瞬間から偶然の連鎖に呪縛された放浪に身をまかせざるをえない。けれど、事態の直接の発端が当人の「ワタクシ」の内側に力点があるため、その放浪の軌跡は、おのずと生まれながらに培われてきた潜在的な信仰の示す方向に、帰一して行くのではなかろうか。その場合、通常の村落民に対し、平素から大きな神秘力を行使してきた山は、客観的には幻想にすぎないとしても、暴発をとげた「ワタクシ」の終局的に回帰する場所となり、どのような「ワタクシ」のわがままもみとめてくれる母のふところになる可能性は大きかったろう。柳田氏の説かれた一つの隠れた信仰というのは、こうした関係をさしているように思う。

したがって、疎外され、抑圧された「ワタクシ」の暴発とよぶべきものは、ことの本質上、つねにこの世における諸共同体の外にある霊界を志向し、そこに安住の地を求めようとしたから、それは山に隠れる以外にも、さまざまな形がありえた。そのなかで、もっとも悲惨な姿をとり、負の方向にだけ発現するものに、母子心中などがあると思われる。

母子心中と来世観

母子心中は、明治になってから急速にその数を増したが、このことについて、柳田国男氏は次のようにのべていられる。

「例に引くのも気が引けるくらいに胸の痛くなる話であるが、生活の苦闘に堪えかねた世の若い母親たちが、まだ東西も知らぬ幼児を道連れにしてでなければ死なぬというのは、明治以後の一つの流行で、最近特に多くなり、しかも何ゆえに日本ばかりこんな悲しいことが多いのか、天を仰いで嘆息ばかりする前に、もう一度われわれは真剣に、その底に流れているものを究明する必要に迫られているのである。」(「家の観念」——『日本人』所収)

このような事態のひきおこされたひとつの理由として、明治中期以降、産業革命の進展につれて各種の共同体の解体したこと、村内の相互扶助体制がだんだん弱体化し、都会では早くそうしたものが姿を消し、個々の家族が孤立してしまったことがあげられる。柳田氏はそれについて、

「『隣は何をする人』かわからぬような、見も知らなかった外来者ばかり多くなり、さしせまった事情が起っても安心して依頼もできず、だからといって、社会の保護も十分に望めぬようになった都会が、まず最初に不幸をもたらした。」

とのべていられる。

しかし、このことを社会組織とか、相互扶助の体制の変遷といった面からだけ説明するのでは、十分といえない。ことを社会経済とか政治のせいにするのはやさしいけれど、それで事態の本質がすべて明らかになるとはいえない。せっぱ詰った親子の心中は、母子のかたちが圧倒的に数多い。不幸を一身に背負わされた女性が、生きる途はもはや絶えはてたと思いつめるとき、いっそ子供をみちづれにという重大な決断に自らを追込み、飛躍するには、それ以外の方途を考えてみることを拒否する心の枠組みが、あらかじめ女性の体内に構築されているとみなければ、説明がつかない。

柳田国男氏は、おなじ文章のなかで、

「もしもそれらの心理現象の裏に横たわる消極的な思いきりや女の勇気というものが、従順無抵抗を本位とした江戸期以来の道徳の制約を受けて、たった一つのいのちよりほかに、その自由処分にゆだねられるものがなかったということが、もしやこういう情ない進路を指示したものだとすれば、女性の勇気と胆力をただ死の方面にしか発露せしめないような、わけのわからぬしつけが、思慮の浅い者をしてこのほうにばかり向かわせるのではないかと思う。」

とも記していられる。

この問題を解くためには、「いっそあの世で」とか、「草葉のかげで」といった言葉に現わされているような、伝統的な霊魂観、来世観というべきものが、たいせつな鍵のひとつになるだろう。われわれ日本人の根源的な宗教意識においては、あの世とこの世の隔絶は、絶対のものとはいえない。すでにのべたように、盆になると、祖霊をはじめとするもろもろの霊魂は、盆踊りの踊り手の群れのイメージと重なって村の辻々を群行し、屋敷のカド(前庭)に吊された切子灯籠をめあてに子孫の家を訪れ、供養をうけるものと考えられてきた。昔の村の家出人たちが、しばしば山に走って隠れたのも、そこがこの世の一部でありながら、俗界から隔絶して諸神が宿り、諸霊ないし魔性の住む霊界とされてきたからであった。また、以前は貧しさのため、生まれた子を育てない間引きという習慣が各地に根強くはびこっていたが、人はこの世に生まれても、ただちにこの世のものになりきるとは考えられていなかったらしい。

出産が近づくと、現在では男女いずれともわからない赤ん坊のために産着《うぶぎ》をつくり、べビー服を用意するのが普通になっているが、昔はおなかの子のために産着を縫うものではないといった。用意しても、せいぜいオクルミなどという袖のない、小さな蒲団に襟をつけた程度のものであった。

このオクルミは、三月節句の紙雛のように赤ん坊を包むのでヒナマキとよび、コシマキともよんだが、「生まれぬ先のコシマキ」という諺もあって、これさえ、あまり早くから作るものではないといった。生まれた子をこうして袖のないものに包んでおいたのは、生まれたての赤ん坊は両手をかがめていて、袖が不必要だからではない。生まれて三日をすぎるとオクルミをやめ、それまでに急いで縫った袖のある産着に着せかえることになっていたから、これがひとつの儀式であったことがわかる。生まれて三日目に使わせる湯をとくに重視し、これをすましてからはじめて袖のある産着にかえ、これをテトオシとかテツナギとよんだ。赤ん坊の産声を聞いてから産着をつくりにかかり、三日目のテトオシに間にあわせたわけであるが、この三日目に着せる産着にはオクミをつけないというのが一般的で、京阪地方で三日目の産着をカイツカミとよぶのも、その作り方がもとはわざと簡単にしてあったことを示している。とくに初産のばあい、産婦は実家に帰ってお産をすることが多いが、無事に産まれたという報せを聞いてから、婿方の親が、とりあえず大急ぎで産着を縫い、三日目の湯に間にあうよう届けたことが、カイツカミといったよび名を生んだものと考えられる。

このほか、和歌山県の熊野地方では、三日目に着せる産着はソデサシとよんでオクミをつけず、七夜の祝いのとき、はじめてオクミのある本仕立ての着物にかえたという。このようにいく種類もの産着をつくり、生まれたあと、いくつかの段階を経て着せかえてゆくというのは、もちろん、そういう手つづきと順序の踏めるほどの人手と、財力のある家庭にかぎられていた。けれども、そうした風習のなかにある考えかたは、一般に通じるものがあったはずである。生活程度が低く、医学が未発達であった時代には、生まれた赤ん坊が無事に育つ確率は、けっして大きくはなかった。産声を聞いただけではとても安心できなかったから、いくつかの段階を設け、その一つ一つを通過させることによって生まれた赤ん坊に力をつけ、この世に引きあげ、取りあげて育てようとした。「産婆」のことを地方によって「トリアゲ婆さん」とか「ヒキアゲ婆さん」とよぶのも、こういう意味からであるし、生まれたときはオクルミなどの着物とよべないようなものに包んでおき、三日目、七日目と、次第に着物らしいものにかえるというのは、蚕の脱皮のように、外側を変えることで中味の成長を象徴させ、生まれた赤ん坊を次第にこの世の人間の仲間に入れ、人の子にするための儀式であったとみることができる。

だから、これを逆にいうと、生まれて間もない赤ん坊、とくに三日目の湯を使わす以前の子は、まだあの世とこの世の境にあり、いつあの世にもどって行くかもしれない不安定な生命とみられていたことを物語っている。そのため、早産とか難産などで生まれてすぐに死んだ子は、この世のものになりきらないうちにあの世に戻ったとして、その処置はきわめて簡単であった。間引きとよばれた風習も、結局のところこうした意識に支えられていて、それはかならずしも赤ん坊を殺すことではなく、生まれた子がこの世のものになってしまう前にあの世に戻してやることであった。実際に「子をもどす」という表現をつかった地方もあり、もどした子は家の床下や土間の臼の下などに埋められた。産声と同時に赤ん坊にも人間としての基本的な権利をみとめる現在とちがい、罪悪感もそれほど深くなかったようである。

もちろん、このことはけっして無反省になされたのではない。とくに江戸時代の後半から封建制の行詰りによる圧制を一身にうけた人たちが、生活苦からやむなくしたことである。いつの時代でも子は授かりものであり、あらゆる困難を排して育てようとするのが人情である。しかしそれにしても、以上の事例からいえることは、われわれ日本人の伝統的な宗教意識において、この世とあの世との隔壁は、けっして絶対のものではなかった。この世のなかにあの世が深く入り込んできており、あの世のなかへもこの世が入り込んでいる部分が、さまざまな信仰習俗のなかに顕著にみとめられ、それを通じて、あの世とこの世の交渉はきわめて頻繁になされてきた。母子心中とよばれるものも、こうした伝統的な生命観とか、来世意識の問題を除外して考えることはできないだろう。

山形県鶴岡市中清水の「森の山」での施餓鬼。

庄内の「森の山」

山形県の日本海側の庄内地方には、「森の山」とよばれる聖なる山が数カ所ある。なかでも鶴岡市の清水にある「森の山」は代表的なもので、「上の森」、「中の森」、「下の森」の三つの頂をもった丘陵は、それほどの高さはないけれども、庄内の穀倉地帯に面して屹立しているため、相当に離れたところからでも一目でそれとわかり、頂上にのぼれば庄内三郡を一望のうちに見渡すことができる。周辺に住む人はつねの日からこの山を神聖視し、なんでもない日に登ると死んだ人の亡霊に遇うといって近寄らなかった。死者の遺体は村の墓地に葬るが、霊魂はそこをぬけだし、「森の山」に鎮まっているとも考えられてきた。そして、以前は八月二十二日と二十三日、最近

「森の山」の藤墓での供養。

は二十三日に「森まいり」とか「森供養」とよび、いろいろな供え物をもってこの山に登り、山頂にあるお堂の前で施餓鬼をいとなみ、亡魂の供養をする。

清水の部落では、八月になると道刈りといい、五日から七日のうちに「森の山」に登る道の草を刈る。十二日の夜、鶴岡市の東南、海抜千九百メートルの月山《がっさん》の頂上で護摩が焚かれると、その火をめあてに家ごとにカドロでお迎えの火を焚き、先祖や近親者の霊は、それをたよりに茶の間から、仏壇に帰ってくる。そして盆のすぎた二十二日と三日に森の山で供養をうけると、霊魂は森の山の背後にある修験《しゅげん》の山の金峯《きんぽう》から、月山へ向けて帰って行くともいわれている。いずれにしても、「森の山」はこの地方の人たちにとってはあの世とこの世の結節点であり、二つの世界に架けられた橋の橋頭堡の役を果していて、死者の霊、祖先の霊たちは、ここを経由してあの世と子孫のもととを往復している。森の山の頂上に、阿弥陀堂とか地蔵堂などの仏堂の建てられているのも、こうした意味からであった。

しかも、「中の森」の頂上の、阿弥陀堂の裏側には、藤墓とよばれるところがあり、藤の樹のあったことからこの名があるといい、天正十六年（一五八八）の「庄内崩れ」のときの戦死者を葬ったと伝えるが、ここは戦死をしたとか自殺をした人、殺されたというような、正常でない横死をとげた人、事故死をした人の霊があつまる場所といわれている。「下の森」から「中の森」へ向う尾根道のそばにある風穴は、地獄から風が吹きだして、亡者のうめき声がきこえるというが、身近に非業の最期をとげた悲しい死者をもつ人は、「森まいり」の日にはこの藤墓の前にあつまり、とくにねんごろに供養する。漁村では海難による死者が多いため、昔から隣県である新潟県の北部、村上地方の海岸部から念珠関《ねずがせき》を越えて参詣者があるほどで、一四四、一四五頁に掲げた二枚の写真は、

同右。亡くなった愛児の遺品のランドセル。

昭和四十三年の八月にこの地を訪れたときの藤墓でのお詣りと、そこに飾られていた交通事故で死んだ子のランドセルである。

天寿を全うすることができないでこの世を去った人は、この世にもっとも思いを残して死んだ人である。そのような人の霊魂でも、毎年、藤墓でねんごろに供養してやれば、三十三年もすれば祖霊一般と重なりあい、月山のほうへ帰って行くとも説かれているが、死者の霊魂があの世とこの世を往復するとき、「森の山」といった聖なる場所とか、家のカドロで焚かれる迎え火、送り火といったものだけをたよりにするのではない。写真にみられるランドセルのように、生前に身体につけて使っていたような品物を形代《かたしろ》とし、そうした物実《ものざね》のなかにこもり、それを通じて霊魂は往来してきた。このランドセルには、持主であった子供が生前にこの世でもっていた「ワタクシ」、かけがえのないものとして家族のあいだで主張してきた「ワタクシ」のぬくもりがこめられている。その「ワタクシ」とは不可思議な霊力そのものであるところから、親たちはそれのこもっているランドセルを「森まいり」のときにとりだし、藤墓の傍に飾ってやって、ねんごろに供養しないではおれないのである。その子の「ワタクシ」がランドセルの中にこもっているあいだは、親の悲しみは薄らぐことがないともいえるだろう。

家出して山にこもるという形で、もっとも剛直なものが、その剛直さのゆえに、いったんの激情にまかせて帰属する共同体から出奔し、自らの「ワタクシ」を「ワタクシ」そのものとして暴発させる過程は、すでにのべたとおり、それなりに理解できる。いっぽう、家や村によりかかり、群れに依存しないでは一日も生きることのできないもっとも力弱いものも、もはや家や村の援助ものぞめないと思いさだめたとき、おなじように最後の力をふりしぼって暴発する。母子心中はその一つであり、そのばあい「お腹を痛めた子」という言葉は、実感のこめられた魔性を発揮しているのではなかろうか。女性にとって産んで育てた子というのは、すでに述べたとおり、あの世からこの世に取りあげ、膚にふれて一歩ずつこの世のものに育てあげてきたものである。だから、いちど母親の思考が錯乱し、その方向が逆転すれば、彼女にとってその子はこの世におけるあの世の露頭ということになる。「東西も知らない」幼児であればなおのこと、がんぜないその顔が、あの世からの使者となり、母親の魂をあの世に導く役を果すのではないかと思われる。

子は道づれか、先導役か

人は健康に思惟するとき、だれしもこの世を志向する。だが、いったん疎外された「ワタクシ」の前論理的な暴発がなされれば、考えの方向はたやすく逆転するだろう。そのとき、「森の山」の藤墓での写真のように、事故死した子供の生前に使用していたランドセルが、その子の「ワタクシ」のこよなき形代《かたしろ》とみなされ、その子の霊魂がこれをめぐってあの世とこの世を往復するという信仰の論理は、無媒介に拡大されはじめる。子供が生前に所持し、愛用していたという記憶、幼い手でのこした手擦れのあとが、このランドセルをしてあの世とこの世を結ぶ物実《ものざね》にしているとすれば、追詰められた母親にとって、自分がお腹を痛めて今日まで育ててきたという実感が、その子をしてあの世とこの世を結ぶ物実の役を果させることになり、「いっそこの子をつれて」という重大な負の決断に導く、回路の一つになるのではなかろうか。言葉の上では子供は「みちづれ（道連れ）」であるが、実際は母親の心を冥界に向かわせる「みさき」であり、先導役ではなかろうかと考えられる。

明治戊辰の役に、官軍を迎え撃って玉砕した二本松少年隊の母親は、出陣する子供にむかい、敵をみたらすべて隊長と思え、隊長と思って刺し違えて果てよ、と励ましたと伝えられる。落城とは、武士にとってはその全存在を賭けてきた武士団の潰滅することであり、彼らの個々の「ワタクシ」を支えてきた「オオヤケ」、彼らの帰属してきた共同体の潰滅を意味した。武士の意気地にかけ、子供にむかって敵と刺し違えて死ねと教えた母親は、子供の戦死を聞けば、自分も死ぬ覚悟であったにちがいない。母子心中は、こういう形で発現する場合もあった。

したがって、この世に憤りを抱いて山に隠れるのも、母子心中も、結局のところ追詰められた「ワタクシ」が、逆にこの世を拒否し、あの世とか霊界に直結することで自らの霊性の輝きを増そうとする、そういう「ワタクシ」の論理の現われという点では、両者はともに同じ根に発しているといえよう。「ワタクシ」の暴発とはこういうことであり、「一寸の虫にも五分の魂」という諺であらわされてきた「ワタクシ」の意地とは、暴発と名付けられるような逆説でなければ、自らの存在を自らだけの力で他に顕示できないようなものであったし、それほど平素は帰属する群れの力に依存し、近代の自我とはおよそ本質を異にするものであった。私たちはこれを出発点とし、核として近代的な個人意識をつくりあげている。私たちの身体に刻まれている歴史の年輪は、十分に直視される必要がある。

母子心中が急増したのは明治になってからのことであったが、その因子は近代以前からもち越されたものであった。個々人のもつかけがえのない「ワタクシ」は、かつては帰属すべき「オオヤケ」、諸共同体にことの正確な意味で依存し、群れの一員として禁忌という共同の信仰にまもられ、安住する場所を見出すことができた。近代とはそうした掩護物を容赦なくとりはらう時代であり、その後、個々の「ワタクシ」が十分な準備もなしに裸のまま冷たい世間の風にあたるとき、そのいちばん弱い部分に母子心中が多発し、今日もそれがつづいている。ことはけっして他人事ではない。そして、この章のはじめに述べたように、『壺阪霊験記』の女主人公のお里は、その熱誠のゆえに夫の沢市にとって観音の化身になりえたが、そうしたお里の没我の信心は、「ワタクシ」そのものを投げだした無垢の没我であるために、いったん方向を誤ると、暴発という悲劇の起因にもなりかねない。「ワタクシ」とは、まことに不可思議な働きをする「人のたましい」というほかない。

Ⅳ　神をみる場所

奈良県吉野町国栖（くず）の里

宗教への離陸

扉写真は吉野川の清流に臨む国栖《くず》の村、奈良県吉野郡吉野町南国栖の集落である。昭和四十三年の秋にこの村を訪ねたとき、山女の話を聞いた。話してくれたのは当時六十歳くらいの、まだ老人とはいえないほどの元気なおじさんであったが、その人の中学生の時分、大正の末年のころ、国栖村の東、三重県との境、末は松阪市の南郊へ流れる櫛田川の上流域との分水界になっている高見峠のあたりに、ひとりの山女が棲んでいた。髪をふり乱し、ほとんど裸に近い格好で、ある猟師などは山中でてっきり獣と思って鉄砲をかまえたところ、相手が人間らしいので驚いて帰ってきたこともあり、なん人もの目撃者があった。

村の人たちの話によると、この山女は、もともと国中《くんなか》とよばれている奈良盆地の、ある村の農家の若嫁さんであった。それがふとしたことから眼病をわずらい、高見峠の頂上に近い蘇我入鹿《そがのいるか》を祀る高見神社が眼の病に効験《ききめ》があると聞いて参籠すると、ふしぎに眼がみえるようになった。本人はこれも神さまのおかげと喜んで家に帰ったが、しばらくすると再び眼が悪くなり、この神社にお籠りすると、また見えるようになる。こんなことを二度、三度とくり返しているうちに、この嫁さんは離縁され、行くところもないまま高見神社のあたりに住みついて、とうとう山女になってしまったとのことである。

この話を、帰ってから友人にしたところ、その友人の知合いの精神科のお医者さんから、典型的なヒステリー症状である、と教えていただいた。これは近代化にとり残されたというか、文明度が低く、知的訓練をうけることの少ない人たちのあいだでもっとも頻繁にみられるヒステリーのタイプで、精神的な抑圧が重なると急に失明したり耳が聞こえなくなったりするが、その場から離れてストレスの原因をとりのぞくと、忘れたようになおってしまう。こういう話を聞くと、今から五十年ほど以前、奈良盆地の村の、おそらくあまり裕福でない農家の若嫁さんといえば、本人の気立てといい、家庭内で置かれていたみじめな地位といい、なにか想像できるような気がする。そういう人たちのあいだから、こうした形で山女が現われた理由も、納得できるように思われる。

すでに前章で述べたところであるが、柳田国男氏がその著『山の人生』のなかで指摘されたこと、この世になにか憤りを抱いた男、産前産後などに半ば発狂状態になった女が、昔は家出して山に奔《はし》り、そのまま山男や山女になるものが多かったということは、自ら帰属してきた諸共同体、村落とか一門同族、あるいは個々の家庭内での抑圧に対する積極的な、したがって意識的、計画的な抵抗といった種類のものでは毛頭ない。だが、社会からの逃避として、まったくネガティブな、なんの意味ももたない脱落であり、落伍であるかというと、そういう範疇にも入りきらないものがあり、母子心中ほどにやりきれない暗さをもっていない。

国栖の村で聞いた山女の話を整理してみると、明らかに、それは前章でのべた「ワタクシ」の暴発そのものである。村といい、家といい、所属する共同体のなかでもっとも力の弱いもの、それゆえにいちばん温順、貞淑で、村の掟や家の秩序に没我的に従順なものが、そのためにかえって抜き差しのならない袋小路に追込まれ、もはや万策つきたときにひき起されたネガティブな拒絶反応、蒼白い負の方向への爆砕であり、暴発であった。世間に対する憤りといっても、なにがその原因なのか、あるいは、しばしば自ら憤りを抱いていることさえ知らないような憤りであり、半ば発狂した状態、ないしは憑かれた心によるとしかいえないような、直情的な行動であった。その点では、現在も私たちの周囲で続発している母子心中に、通じるものがある。

しかし、こうして以前に山に奔った人たちは、商品生産にもとづく交換経済の枠組に封じこまれ、万事に都市化してしまった現在のわれわれとは、質を異にする人であった。彼らは、原始未開社会にくらべれば劣っているかもしれないが、それでも、ひとりで山野に奔り、なんとか露命をつなぐだけの体力と知識をもち、野性に生きることのできる自然人のおもかげを濃くとどめていた。ときどき人里に姿を見せて門付《かどづ》けしたり、余りものを拾い集めて必要最小限のものさえ入手すれば、あとは山林のなかで自由に生活資源をみつけ、浮世のしがらみから解放された生活をつづけるのは、けっして不可能ではなかった。いっぽう、里に住む一般の人たちは、「山男」「山女」の呼称でもってこれら山林に奔った人たちをよんでいたことが示しているように、彼らを単なるルンペンとか、狂人として遇することはなかった。むしろ自ら人里を捨てて山に奔ったという点を重視し、一般の人間とは種を異にする異能のもの、異端のものとして畏怖し、あるいは畏敬する面さえないことはなかった。この傾向は、時代を遡るほど強かった。

おなじ「ワタクシ」の直情的な暴発を動機にするものでありながら、昔の山男や山女が、現在の悲しい母子心中にくらべて、なにか迫力をもっていたことの理由は、このあたりに求められそうである。そして、山に対する伝統的な信仰の醸《かも》しだす一定の雰囲気と、その実態も、こういうところに観取される。それらは、自ら人界を捨てて山に入ったものの意識下の意識のなかにあっただけでなく、彼らが実際に山の中で生き抜いていたという事実に支えられ、その姿をときに山中でみかけた一般の人たちのなかにも存在した。深山幽谷の宿している霊性、その神秘性は、そこに山男や山女をみるということで確認され、彼ら自身が山の精でもあったわけである。今から五十年ほど以前、国栖の村の東、高見峠のあたりに住んでいたという山女は、こうした古典的な意味での山女、山に奔った特別な人間が、山に住む異類として特殊視された山女の、最後の姿ではないだろうか。彼女自身が自分の身の上、越し方、行く末についてどのように考えていたかは、永遠のナゾである。けれども、彼女にとって、高見神社の鎮座する高見の山は、だれに気兼ねすることなく、ひとりで生きて行ける天地であり、そこにいれば失明することのない救いの場であった。彼女のことについていろいろと語ってくれた国栖の村の人たちの顔にも、珍しい経験を語るということ以上に、なにかはかり知ることのできないものに対する畏れに似た気配があった。

こうして高見山の山女は、他の多くの山男や山女とおなじように、社会に適応できなかったもの、積極的に生きぬくことのできなかったものの敗残した姿とは、一概にいいきれないものがある。彼女は婚家から離縁され、俄盲目の身で行くところも帰るところもないまま、高見の山中に住みついたようにみえる。しかし、彼女はここで自ら生きることができたし、この山の神のそば近く住むことで、失明の恐れから解き放たれることができた。彼女は自分を救ってくれる神をこの山中に見出し、神もまた、そういう彼女を選んで身近に侍らせたという表現もできるだろう。神を見ること、救いを見出すということの内容は、もとよりその当人の抱いている心の深浅によって、質的に無限の差異がありうる。だが、神を見、救いを見出すということ自体は、結局のところ、さまざまな意味で鬱屈したその人自身のかけがえのない「ワタクシ」の、直覚においてはじめて可能なことがらではないだろうか。

三人の女教祖のばあい

たとえば、天理教の教祖である中山みきに、天理王命と名乗る神がのり移ったのは、天保九年（一八三八）の秋、みきの四十一歳のときであったが、十三歳で中山家に嫁いだ彼女は夫の不倫になやまされ、夫と関係のあった女中のために毒を盛られたことさえあったという。大本教の教祖の出口ナオは、「まず、この世において、ほかに一人もない苦労人であるぞよ」と、自分のことを『お筆先き』のなかで語っている。貧しい酒呑み大工の子に生まれた彼女は、十一歳のときから年季奉公に出され、やがて結婚した大工の夫も酒呑みで、脳出血で三年寝た末、三男五女を残して死んだ。ナオは八人の子を糸引きやボロ買いをしながら育てるが、長女と次女が去り、長男は自殺をはかったのち離れ、いちばん頼りにしていた三男も戦死している。ナオが神をみたのはこういう状況の中であった。

このほか、踊る宗教の教祖として著名な北村サヨは、大正九年（一九二〇）二十一歳のとき北村家に嫁いだが、姑はそれまでに息子の嫁を五度も追出して離縁する性悪で、夫はそれにいっさい口の出せない小心で、実直な農民であった。サヨはこうした夫と姑に仕えて、いくどか自殺を決意するほどの心労を重ね、昭和十五年（一九四〇）に姑を送ったあと、自分の家に失火事件を起し、さらに出征していた息子が外地で軍の機密文書紛失事故を起し、そうした心理的抑圧と打撃に耐えぬくなかで、彼女は、神の名において、眼前の壁を乗り越えたとされる。こうした幕末以降の有名な三人の女性教祖の歩んだ道をたどってみると、この世の掟にもっとも従順であったものの「ワタクシ」が、追い詰められたあげく、神を見出した過程に、ひとつの類型があるように思えてならない。

もちろん、こういっても、上記三人の女性教祖たちの歩んだ道と、高見峠の山女が山に奔った過程とを、無条件に同一視しているのではけっしてない。内容的にみるならば、その間には雲泥のへだたりがある。中山みき以下の女性教祖たちは、なによりも彼女たち自身のすぐれて個性的な、個人的体験を、独創的方法で社会化し、一般化することに成功したし、そのことによって信者を獲得し、それぞれ創唱した宗教の教祖となった。その間の経過は、それぞれ神を見出す以前にもまして、苦渋に満ちたものである。天理教についてみるならば、中山みきが天理王命と名乗る神を見出し、その神のやかた、やしろとして見出されてから、文久二年（一八六二）、六十五歳のときにはじめて最初の信者を獲得するまでの二十四年間は、神を見るまで以上の苦難の連続であった。単に精神的な抑圧や強迫をうけただけではなくて、家族や親族たちによって、彼女にとり憑《つ》いているのは性の悪い野ギツネの類とみなされ、青松葉でいぶされ、棒で殴打されるなど、肉体的な迫害も、日常的なものとなった。個人の内面の宗教的な体験を社会化し、自他ともに認める救済の教えとして定立させるためには、計量することもできない巨大なエネルギーを必要とする。みきは狂人扱いされた二十四年間に正しく教祖として完成するための試練を神からあたえられたといえるし、この時期が、彼女の全生涯のなかで信仰的にもっとも充実していたともいいうる。

　こうした事態に比較すれば、高見山の山女の歩んだ道が、後に特定の創唱宗教の教祖と仰がれた女性たちの踏んだ道と、およそ同日の談でないことは明らかである。山女のそれは、単なる一人の不幸な女性の、けものじみた狂態、猟師によってクマかイノシシとまちがえられてもいたしかたないような、社会的に無視されてもあたりまえといえるものである。彼女の行動の真意はだれにも知られず、理解されない、たった一人だけの解放であり、救いであった。他人の眼からは蒸発とよばれるもののなかに数えられ、社会への適応性を欠く脱落者とみられても、しかたのないものであった。しかし、にもかかわらず、ひとりの人間が神聖なものに触れ、そこに心の安らぎと救いを見出すということだけに問題を限るならば、それがその人自身に対して有している意義に軽重の差はない。山中漂泊の女性――高見峠の山女の歩んだ道も、その点では母子心中とちがい、それなりに評価すべきものを孕んでいる。それは一定の行為や事物のなかに潜んでいる霊力を利用し、それによって自らの物質的、精神的な欲望を満足させようとするだけの呪術とは本質的にちがい、天地間にたったひとりの「ワタクシ」が、この世に生きながら聖なるものに触れ、そこに救いを見出す文字通りの宗教に飛躍する、もっとも原初的な姿といえるのではなかろうか。

すでにのべたとおり、呪術と宗教のちがいは実際は紙一重でも、その間には本質的な隔りがある。たとえば、柳田国男氏はその著『口承文芸史考』のなかで、「踊り」と「舞い」の発生的な相違点について、次のようにのべていられる。

「歌が新作せられてそれに手を附けたといふ踊があるごとく、舞にも之を助ける舞の歌といふものが後には出来たが、通例は静かに語りの言葉だけを聴いて居る時間が舞にはあつて、踊には仮令《たとい》僅かでも義太夫の『押明け入りにけり』の如き、前文句が丸で無いのみならず、踊のなかばにも屢々《しばしば》歌が切れて、歌へ歌へと促さるゝ場合が多いのである。又或土地の盆踊などに於ては、たつた一くさりの短い踊の歌を、夜すがら打返して踊り抜くに反して、舞は一条の物語が終れば、それでめでたく舞ひ納めるが例になつて居る。作業といふ語をもし押拡めて用ゐるならば、舞では群を為して物を聴くといふことが作業であつた。それが言葉である故にもうそれ以上に、又は単なる掛声を挿む以外に、これを統一する為に言語技術を施すべき余地は無かつた。だから高興の自ら制し難い境に達すれば、我も人も思はずに起《た》つて舞ふたのである。舞が祭の式の間に始まつたといふことは、そこに奉仕者の一心に耳を傾けた語り言があつたといふことを意味して居る。」

「踊り」とは「躍ること」であり、上下の躍動的運動を指すのに対し、「舞い」とは「独《こ》楽《ま》がまう」というときの「舞うこと」で、もともと旋回運動をさす言葉といわれている。「踊り」と「舞い」についてのこうした類別は、柳田国男氏が上記のようになされた両者の発生的な分類に、対応しているように思われる。

「踊り」が、なによりも踊る必要があって踊ったことに発生の起源をもっているという柳田氏の説は、踊りが本来的に備えている機能に対する正しい認識といってよいだろう。先に長野県下伊那郡阿南町（旧旦開村）新野や、京都府相楽《そうらく》郡山城町上狛《かみこま》の盆踊りを紹介したが、盆の踊りは亡霊の祭却、諸精霊を祭って送る儀礼にはじまる。新野の例がその古態を示しているとおり、初秋の満月の夜に訪れる諸精霊は、なつかしい祖先たちの霊であっても、そのまま村に居すわってもらっては、あまりにおそれ多い霊魂であった。まして、この世に怨みを残して死んで行ったものの霊魂、祀ってくれる子孫をもたない霊魂ならば、ことはなおさらである。踊りの最後に「ナンマイダンボ」の念仏で足拍子をとり、村はずれまで押して行って切子灯籠を切って焼きすて、何発かの空包を放って後も見ずに足早に帰ってくる「踊神送り」の作法には、盆踊りが亡霊鎮送の呪術であった時代の名残りをとどめている。

虫送りと正月トンド

霊的なものを鎮めて送るという儀礼、村落民の行なう集団的呪術は、盆の踊りだけにかぎらない。怨みを残して死んだもの、祀ってくれる子孫のない霊魂は、御霊となってさまざまな祟りをすると考えられ、稲の虫害もそのひとつとみなされたが、これには「虫送り」の名でよばれる呪術がなされてきた。奈良県吉野郡の十津川《とつかわ》村では、土用の草取りの後、日が暮れてから炬火に火をともし、多勢で鉦や太鼓を打ち、「稲虫送ろう」と連呼しながら田の畦を回り、最後は大字（旧村）のはずれの谷筋まで行き、手にした炬火を次々と暗い谷川めがけ、力いっぱい夜空に大きな弧を描いて投げこみ、終ってから一同は裸に

京都府宇治市東笠取では、山村として過疎に悩みながら、小正月のトンドは今も子供組を主体として盛大になされている。
——昭和47年1月15日払暁直前に撮影——

なって谷水で沐浴し、後を見ないで帰ったといわれている。もしも、途中でふりかえるものがあったら、せっかく部落の領分の外に送りだし、身体を清めたのに、また悪い稲虫の霊がもどってくるというわけで、こうした作法は、上記の「踊神送り」のばあいと、おなじといわねばならない。

このほか、鎮めて送るのは亡霊とか悪霊とみなされるものだけではない。正月にやってくるので「正月さん」などの名でよばれている神霊についても、これを送る小正月のトンドの火祭りのなかに、おなじような要素がみとめられる。鹿児島島津藩の、外城《とじょう》とか麓《ふもと》とよばれた郷士の集落で、鬼火《おにび》焚《たき》とよばれたものもトンドの一種で、ここでは二才《にせ》とよばれた郷中の若者組に入るまでの、八歳から十五歳までの子供組を稚児《ちご》とよび、そのうち、八歳から十二歳までの子を青児《せこ》、十三歳を先頭《さきがしら》、十四～五歳を本頭《ほんがしら》とよび、年齢の上下によってきびしく統制したが、いまは姶良《あいら》郡牧園町（現・霧島市）になっている旧桑原郡踊郷《おどりごう》の麓であった宿窪田では、郷中を上下に二分し、それぞれ定まった場所、四～五反ほどの田圃の中央で行なった。

稚児たちは、毎年正月二日にその場所に集まると、まず藁小屋をつくり、そこを根拠地にして作業にとりかかる。作業というのは、本頭と先頭とを指揮者として全員を三つの組に分け、一つの組は枯杉葉、もう一つの組は生杉葉、残る一組は枯竹をできるだけたくさん集めてくる。それに、この地方特有の大きな孟宗の生竹を三本、これは竹林の所有者で、郷中の有力者である特定の家から寄付してもらい、これを田圃の中央に三角の櫓形に組むが、根もとの周りが三十尺（約九メートル）というから、かなり大きなものであったことがわかる。この孟宗竹の枠組みのなかに、郷中の各家から集めてきた正月飾りを積みあげ、その上に枯杉葉、さらに生杉葉を置き、そこへ枯竹を斜めに挿しこんで並べ立てる。この作業は六日までに完了することになっていて、七日の午後二時ごろ、全員が列をつくって周囲にならぶと、本頭は先頭をよび、三方から孟宗竹の根元の枯杉葉に火をつけることを命じる。しばらくすると、火は生杉葉に移って黒煙天に冲し、枯竹に燃え移ると小爆発音はいっとき鳴りやまず、赤い炎が天に舞う。そうすると、子供たちは「エイエイ」の掛声をかけて周囲を駈け回って踊り狂い、やがて孟宗竹の大爆発がはじまると、そのたびに声をそろえて「鬼は外、福は内」と大声で叫んだという。

爆竹とよばれるものの、いちばん素朴な姿といえるだろう。火勢が鎮まると、子供たちは焼け残った孟宗竹を手荒く地面を引回して熱気をさまし、小さく割って見物の大人たちに渡すと、大人たちはそれを屋敷のカド口に立て、魔除けのまじないにした。また、郷士の家々では、この日の夕方、家長が火縄銃をもって縁側に立ち、「家内安全、悪魔を祓いたまえ」の呪文をとなえながら、空包を四発か五発、空に向って発射したと伝えている。「正月さん」は小正月のトンドの煙に乗って天空の彼方に帰られるというのは、どこでもいわれることであるが、そのとき、子供たちが自然に発する喊声と乱舞は、枯竹・生竹のはじける音とか、空包の発射音などとともに、神霊を鎮めて送り、あわせて魔を祓うための、たいせつな集団の呪術に発していることを物語っている。

詞章は第二義で、ただ集って踊るために踊るということの出発点は、以上の事例のなかにうかがうことができよう。先に引用した『口承文芸史考』のなかで、各地の盆踊りをみていると、踊りの途中で唄が切れ、踊り手のほうから音頭取りに向って唄を催促する光景のあることが指摘されている。このあと、「或土地の盆踊などに於ては、たつた一くさりの短い踊の歌を、夜すがら打返して踊り抜く」とあるのは、おそらく『雪国の春』に収められている「清光館哀史」で紹介された陸中海岸の漁村の盆踊りなどが念頭にあってのことかと推測されるが、いずれも踊るという行為自体が目的となっていて、唄とか詞章は、踊りを継続させる手段にすぎない。踊りが鎮魂の呪術とか、祭儀にはじまるといわれるのは、踊りのなかに、しばしばこういう現象がみられるからである。

これに対して、一同うちそろって神々の物語を静聴しているうち、「高興の自ら制し難い境」に達したとき、だれかが思わずすっくと立ちあがり、扇を開いて朗々と語られる詞章の韻律にあわせて舞いはじめたとすれば、それは明らかに呪術ではない。それが群集のなかの一人ではなく、数名の人たち、あるいは一座するもの全員が立って舞ったとしても、それは詞章のもつ霊能によびさまされた人たちであり、神に召され、神霊の憑依した人の姿である。詞章の力のままに舞う人は、この世における神の姿であり、亡霊を鎮送し、あるいは諸精霊を祭却するために呪術する人とは本質を異にするといってよい。詞章を第一義とするかしないかの点で、「舞い」と「踊り」とを発生的に区別された柳田氏の説は、このように理解してよいと考えられる。

けれども、現実に存在する諸種の「舞踊」は、その呼称のとおり、また、柳田国男氏も周到に指摘されているとおり、「舞い」と「踊り」の二機能が、複雑に混淆し、どれが「舞い」であり、どちらが「踊り」であると一概に規定することは困難である。神に召されて自ら神霊に同化し、神の言葉のままに律動する人と、自己の欲望を実現するために呪術する人とは、頭のなかで区別することはできても、実際に人々はこの両者のあいだを自在に往復する。踊るという呪的行為自体を目的としながら、集団の一員としてリズムに乗り、身体を律動さすことの快感に身をゆだねるうちに忘我入神の域に入り、神や仏の姿をみる例は少なくない。鎌倉時代に一遍が広めたという史上有名な踊躍歓喜の念仏などは、その一例である。

こうしてみると、人が呪術の地平から離れて神に召され、具体的な事物に宿る精霊とはちがい、普遍世界に住む神の姿を垣間見るのは、神々の物語といった詞章のもつ霊力とか、諸種の祭儀に備わっている力にだけよるものではない。いつの時代にあっても、鬱屈した「ワタクシ」の存在こそ、どのような呪術信仰のなかからも神霊の力を見出す根源的な力であり、それに依拠しないでは、人々は宗教の世界に飛翔することは不可能であった。かつて地縁、血縁の太い絆につながれ、現実には狭隘な各種の共同体の内部に跼蹐《きょくせき》していた個々の「ワタクシ」が、さまざまな禁忌という共同の信仰の枠にとじこめられ、日ごろは素朴な呪術信仰や精霊崇拝に埋没していながら、なおかつ、時あって普遍世界へ向けて離陸し、宗教することのできた原動力は、いつのばあいも、個々の「ワタクシ」自身の論理を混じえない直覚に依拠していた。祭りのたびに説かれる神々の物語とか、各種の祭儀の類は、いつも内なるものを振起させる補助手段にすぎなかったといえるのではなかろうか。私たちの祖先は、そうした「ワタクシ」の保持する力を、さまざまな奇跡や奇瑞を生むところの、不可思議な「ワタクシ」の霊力として畏敬してきた。先に紹介した高見峠の山女のような例にかぎらず、もっと一般的にみて、「ワタクシ」の保持する霊力は、もともと母子心中のように負の方向にだけ暴発するものでなかったことを、あらためて認識すべきであろう。

シャモジ渡しと主婦の座

この点についてもう少し考えてみると、各地に伝えられている盆踊り唄のなかに、しばしば、

〝添うて 十年、子もある仲だ 嫁に
シャモジを 渡さんせ〟

というのがある。いつまでも隠居しないでシャモジを握りしめ、嫁に主婦の座を譲ろうとしない姑を皮肉ったものであるが、実際にこれが盆踊りに唄われるときは、しばしば十年が十三年とか、十五年という特定の数字になることがある。頃合いをみはからい、音頭取りがひときわ声をはりあげて特定の年数をあてはめてこれを唄いだしたり、踊りの輪の一隅から、暗がりを幸いに音頭の切れ目をねらって唄いだされたとき、その場に集っているものには、これがだれを名ざしたものであるか、おなじ村に住んでいるもののあいだでは、

いわずとも知れることであった。人々は一瞬のうちに歌詞にこめられているナゾと皮肉を解き、一座がどよめく。だから、これは姑たちの因業さを一般的に皮肉るだけではなくて、村内に住む特定の因業婆さんを批判し、そのもとで苦労している嫁さんを声援する唄であり、村の世論の帰趨をしめす唄の役を果してきた。

こうした盆踊唄が伝えられているから、昔の姑はみな因業で、嫁にシャモジをなかなか渡そうとしなかったと考えるのは、村の生活を忘れた現代の都市生活者の速断にすぎない。「継子いじめ」の話が各地に伝えられているから、昔の継母はみな継子いじめしたと思い込むのとおなじである。かつて村の掟として存在したもののなかには、村落を構成している個々の家族のなかで、家長や主婦たちがその権力を野放図に拡大し、絶対化することを村の名において阻止しようとする機能が濃厚にみられた。他人の針箱や苧桶《おぼけ》をかきまわすと指が腐るといわれ、女房の針箱をのぞく亭主はそれだけで村中の笑いものになったというのも、家のなかで力の弱いものの「ワタクシ」が、村の世論や隣人の声援、共同の信仰といったもので保証されていたことを物語っている。個々の「ワタクシ」が禁忌という共同の信仰で守られていたということは、こういう形でその存在が公認されていることであった。

村落における共同体規制とよばれているものは、そのなかから成長してきた近代的自我にとっては、我慢のならない桎梏であり、両者の関係はきびしく敵対的である。だが、近代的自我の成立する以前から存在した伝統的な「ワタクシ」とは相互に依存しあう関係にあり、その支柱が禁忌という村落員共同の信仰であり、掟であった。「嫁にシャモジを渡さんせ」と村の人たちによって公開の席で唄われ、囃されるなどは、当の姑にとってはこのうえない恥辱であった。「恥」ということは、たがいに日本人であれば説明しなくとも通じることであるが、煎じつめれば、それは所属する共同体成員共通の信仰に背き、禁忌を犯していることを隣人からあからさまに指弾され、そのことによって生じる心の動顚、平衡を失った状態といえるだろう。よほどの強情者でなければこれを無視することはできないし、村内での評判の転落を覚悟しなければならない。

先に禁忌の意識を説明するのに、潔癖という言葉を使ったが、これを衛生的という言葉と対比するとき、事態はいっそう明らかとなる。というのは、衛生的とは科学的認識にもとづく合理的な行為をさしている。これに対して潔癖とよばれるものは、結果として衛生的である場合もあるけれど、その動機と発想はまったく異質のものである。外出から帰ったときなど、手を洗ったり口を漱いだりしないでおれないといった気持は、ほんらいは科学的な認識とは無関係なもので、伝統的に汚いと信じられ、そう教えられてきた感覚、共同の信仰とか禁忌というよりしかたのないものに発している。そして、非衛生な行為は注意され、叱責されるにとどまり、改めればことは済むが、潔癖さに逆らう行為に対して引起されるものは、人々の論理以前、理性以前の反発と拒絶反応であり、侵犯者に対する忌避とさげすみ、嫌悪の念で、これは当事者が改悛《かいしゅん》の情を示しても、簡単には消滅しない性格のものである。

禁忌の意識というのは、こういう理屈ぬきの感情そのものであり、逆にこうした拒絶反応や忌避をおそれ、これをしたら他人に笑われはしないかと二の足を踏むところに、禁忌という共同の信仰の存在が確認される。私たちは、おなじ日本人として、たがいに口にしなくても理解しあえる関係のもと、こうした感覚をおなじように分有し、結果としてさまざまな禁忌を、日常生活のなかに伝承している。衛生思想という万国共通のすぐれて近代的な観念の陰に、日本人的な潔癖さという感覚が不即不離の形で存在していることなど、その一例である。

すでにのべたところであるが、私権とかプライバシーとよぶもっとも近代的な観念の陰にひそむ伝統的な「ワタクシゴト」の意識についても、同様のことがいえるだろう。それは共同体的生活秩序に敵対的な近代的自我とはちがい、共同体に帰属することを前提とし、そのなかでのみ安住の地を見出してきた。この「ワタクシ」の存立を支えるものは論理ではなく、禁忌の意識そのものであった。必然的に、個々の「ワククシ」は「恥」に対してもっとも敏感であり、逆に、共同体のなかでもっとも力弱いものの「ワタクシ」も、共同体成員の相互に「恥」をおそれる禁忌意識によって保護されるのが、本来のありかたであったといえる。

村の一員として、正常な神経をもっている姑たちは、「嫁にシャモジを渡さんせ」などと囃され、人のまえに恥をさらす以前に、潮どきをみて、主婦の座を息子の嫁に譲ってきた。これを杓子《しやもじ》渡しとよぶのが通例であった。東北地方などではシャモジをヘラとよぶためヘラ渡しといっているが、もの堅い家では、姑が嫁をイロリのそばによび、台所から鍋のふたに大小二本のシャモジを並べて持ちだし、大きいほうのシャモジでイロリの縁をたたいて鍋のふたの上にもどし、これを両手で嫁の方に押しやって、これで世帯を嫁にゆずって隠居する儀式とした。岡山県の阿哲郡（現・新見市）あたりではヨユズリ（代譲り）とよび、正月に家の座敷でこの式をおこない、そのとき、仲立ちといって立会人を親類のなかから一人えらんで招待したという。

これほど儀式ばったことはなくても、たとえば年の暮れ、除夜の晩に家族そろって年越しの膳についたとき、「アネサ、みんなの御飯を盛らっしゃい」と姑が嫁にさりげなくいい、嫁に家族一同の御飯を盛らせ、それで世帯譲りのしるしにしたというところもある。これは岐阜県の北部、飛驒地方の例であるが、この地方では、娘を嫁にやるとき、母親が「年越しの晩には気のきいたふりして皆の御飯を盛るものではない」と戒めたという。年越しの晩の食膳は、一年中でもとくに大切な晴れの食事であった。このときの主婦の役目は、キリスト教国のクリスマスイブでの主婦の役目にひとしかったから、その家の主婦以外のものがシャモジをもつことは許されなかったし、許されれば、それは主婦になることを意味した。

主婦権に宿る霊力

今日のわれわれは、主婦の家庭内での地位と責任にともなう権限を、主婦権という言葉で表現している。しかし、この言葉はきわめて便利である一方、とくに昔のことに関しては、真相を正しく伝えない欠点がある。というのは、先にのべたとおり、衛生的ということと、潔癖ということとは、似ているようで違っている。おなじように、私権とかプライバシーとよばれるものと、伝統的な「ワタクシ」の意識についても、その間には本質的な差異がある。衛生的とかプライバシーとよばれるものが理屈で正しく表現できる抽象的な観念であるのに対し、潔癖とか「ワタクシ」というのは結局のところ禁忌によってなりたつものであり、人の行為とか事件、事物などに触発されて現われる情念であって、本質的にそうした事物から離れて存在できないものである。ことは主婦権についてもおなじであり、昔の人はシャモジとか、シャモジを握るとか、握らせないという具体的な事柄に即して主婦の権限を考え、シャモジとか、シャモジを握る行為のなかに犯すべからざるものがあり、精霊が宿っているという形で考えたのであって、主婦権という抽象的な言葉で考えたのではなかった。

だから、主婦の地位の委譲とか相続にあたっては、シャモジのほかにも多くの聖なる象徴がとりあげられた。伝統的な「ワタクシ」の権限や地位とおなじように、主婦のそれも多くの禁忌によってその存在が支えられ、規定されてきたから、さまざまなものが、そうした禁忌を象徴する聖なるものとしてとりあげられた。枡を渡すとか、鍵を渡すというのがその例である。枡は毎日の飯米を米びつから量り出すためのたいせつな道具であるし、鍵というのは土蔵の鍵のことである。嫁が姑の許可なしに土蔵に入れなかった地方は多かったし、そこはザシキワラシという名の精霊、屋敷の守護霊的な妖精の住む神聖な場所であった。一七四頁の写真は山形県鶴岡市の致道博物館に移築されている同県東田川郡朝日村田麦俣（現・鶴岡市）の兜《かぶと》造りとよばれる民家の寝室であるが、「ネド譲り」といって、こうした寝室を息子夫婦に譲ることで、家長と主婦の地位を譲るしるしにしてきたところもあるし、青森県にはセンタク渡しという表現があって、センタク（洗濯）という言葉で衣類の管理をあらわし、これをまかせることで、主婦の座の委譲を意味させてきた例もある。

これらのいいかたは、いずれも主婦の仕事や地位をめぐる禁忌のすべてを、事物や行為によって象徴さすものである。センタク渡しといった言葉のもつニュアンスなどは、ある意味では現在でもそのまま通用する。遠く家から離れて就職したり進学した息子をもつ母親は、それだけ息子の衣類についての心づかいは大きい。そうした息子が一人前になって結婚したとき、母親はこれで息子の衣類の心配をしなくてよくなったという感慨をいだくだろう。この気持が姑からみたセンタク渡しであり、シャモジ渡しであった。米びつから毎日の飯米を量りだす枡にしても、一合枡、二合枡といった定量の枡ではない。「ヒトマス、ヒトカタキ」などといい、その枡一杯の米が大人一人一回分の主食になるような、そういう大きさの容器であり、たいていの家庭では、四角い枡というよりは、木の椀などを使用してきた。

二合五勺が大人一食分で、これを朝夕二度に食べるのが古い食制であったといわれてい

鶴岡市致道博物館に移築されている民家の寝室。

るが、米を米びつから量り出すとき、たとえば家族八人、一人前平均二合として一升六合などという形で算術するのではなく、最初の一枡はおじいさん、次はおばあさん、夫、自分、息子、娘というふうに、一杯ずつ心のなかで家族ひとりひとりの名をよび、顔を思い浮べては量りだす。自然に老人や子供のときには一枡といっても六分目とか七分目になるし、いちばんはげしい労働をする夫や息子のばあいには十二分に盛ることになる。また、その日の仕事の性質を考え、いく通りかの配慮が加えられるのが普通であった。

枡は計量という抽象的な作業の単位ではなく、一杯ずつ量り出すたびに、それが家族ひとりひとりの「ワタクシ」と直接に対応し、それぞれ特別の意味と個性を担うやりかたでなされた。そして、炉端に一同がそろう食事のとき、主婦は手にシャモジをもって盛りつけるが、ここでも家族員個々についての配慮がなされた。食事はかならず全員が集り、おなじ釜の御飯をいっしょに食べるのを作法にしたが、そのなかで個々人の働きに応じ、家族内での地位に応じて食糧を配分するのが、主婦たるもののいちばん大切な役目であった。とくに麦などの雑穀や、野菜類との混炊を主食にするとき、だれに米の御飯の多いところを盛りつけるか、主婦の配慮はまことにこまやかであったが、家族員がこれに対して不平をいうのは絶対にしてはならないこと、禁忌としてきびしく戒められた。だから、家族員個々の「ワタクシ」と直接に対応するシャモジや枡などの食糧分配の道具は、必然的に家族員個々の霊性にふれあう神聖な魂の容器とみなされ、生命の源泉を盛りつける器の意味をもつことになるし、そのことを踏まえて、これらの道具が主婦の地位の神聖さを象徴し、家長とならんで家政を管理するものの不可侵の霊力を宿し、それを示す強力なシンボルとみなされてきたのも、当然といえるだろう。

ヨーロッパでは、家庭内での主婦の権限や地位が伝統的に家の鍵であらわされるばあいが多いのに対し、日本では上記のようにシャモジや枡など、食糧分配の用具であらわされることが多い。これは理屈によるものではなく、人々の連想の定型というべきものであるから、文化の様式の相異とみてよいだろう。ヨーロッパでは、都市の賓客とか名誉市民といった人に、その都市の鍵を渡すという習慣がある。鍵を渡すということが、人間の信頼関係をあらわす重要な行為になっている。主婦権がしばしば鍵であらわされるのも、これと無関係とは思えない。

食器に結びつけられる霊的関係

これに対して、われわれ日本人は、独特の家屋構造と風土のためか、ヨーロッパ的な鍵の文化からいちばん離れたところに位置し、伝統的な生活様式では、個室とか密室に対する心理的執着も、ヨーロッパほど強力ではない。もっとも、古い民家ほど壁が多くて開口部が少なく、その点ではヨーロッパをはじめとする大陸諸民族の民家に通じる要素が多分に認められるけれども、「鍵の文化」ということになると、その要素は顕著とはいえない。

その代り、私たちは古くから、食器とか食糧分配の用具には、異常といってよいほどの関心と執着心を示してきた。「固めの盃」といった言葉があるとおり、人間の信頼関係は、酒盃の献酬の習慣に代表されるように、食器を共用し、同席しておなじものを食べることで確認されてきた。このことは、家族員がめいめい個人用の食器を持ち、たがいにそれを尊重しあうことで所持者の「ワタクシ」を確認しあってきた習俗と、対応関係にある。主婦権がシャモジや枡など、食糧分配の用具でもって象徴される事例が多いのも、おなじ精神的風土の産物とみることができよう。それは、家の主婦の采配のもと、家族そろっておなじ釜で炊いたものを食べることが、家族員個々の「ワタクシ」の生命を充足させるいちばん大切な行事と考えられてきたことの反映とみなしうる。

一家そろって炉端でする食事は、それ自身きわめて宗教的な意味をもつ呪的行為であったし、神聖な儀式であった。そこにあって、個人用の食器が、すでにのべたとおり所持者個人の「ワタクシ」、それの保持する霊力のこよなき形代であるとすると、主婦が手にするシャモジや枡が、食事を宰領する主婦の権限、したがって彼女がその家の主婦として保有する霊的能力のシンボルになるのは、みやすい道理である。嫁入りのとき、婚家に到着した花嫁の頭に鍋の蓋をのせ、その上をシャモジで三度たたいたという地方もあれば、一升枡をいれた箕《み》を花嫁の頭にのせるというところもあった。これは、もと姑が嫁に主婦権を委譲するときの作法が、嫁を迎えるときの歓迎の作法に重なったもので、かつて妻訪い婚の一般的であった庶民のあいだでは、結婚してかなりの年月を経たあと、妻が嫁として婿方の家に移るとき、親夫婦による世帯譲りのなされたことの名残りと説かれている。また、人の臨終にあたっての「魂呼《たまよば》い」に、屋根の上にあがって一升枡を伏せ、棒で枡の底をたたいたというところもあるし、「神隠し」といって子供が行方不明になったとき、「迷い子の、迷い子の誰某《だれそれ》やーい」などと大声で子供の名をよび、村中総出で近くの山などを探し回る途中、太鼓や鉦などの鳴物を使うほか、その子が普段に使っていた茶碗を箸でたたいたり、一升枡の底を棒でたたいたというところもある。

先に紹介した出羽庄内の森の山の藤墓で、事故死した子が生前に使っていたランドセルを祀り、それを形代にして子供の霊を慰め、あの世に送り返してやっているのとおなじように、山に入ったまま帰る道を忘れて迷い子になっている子供の霊魂を、その子が普段に使っていた食器や食糧分配の道具に吸い寄せ、無事に家に戻ってくるよう願ったわけである。生きているものの霊魂も、死んだものの霊魂も、霊としての働きに大きな違いがないために、似たような処置がとられたわけであるが、家族員個々の「ワタクシ」と、食糧分配の用具や個人用の食器類とは、以上のように深く霊的な関係で結ばれていた。そして、家族そろって食べることの霊的な意味は、まことに重大なものと考えられてきたから、ことはシャモジだけに限らず、枡や膳椀、鍋釜からカマド、米びつなど、食事に関する一切のものを媒体として、家族員個々の「ワタクシ」は、一家の食生活、ひいては家政全般を管理する主婦の権能に、霊的に統轄されてきた。シャモジを手にする主婦たちが、家族を代表し、家長を助けながら、その家の私的な祭祀の主宰者であったのも、当然の現われといえる。

たとえば、仏壇に供えたお仏飯のおさがりを娘に食べさせるものではないということは、都会地でも老人のいる家庭でしばしば耳にする。その理由は、お仏飯を食べた娘は縁遠くなり、嫁入りできなくなるからという。どうしてこのような俗信がはじまったかというと、家の仏壇や先祖の位牌に御飯を供えて祀るのは、その家の主婦の役目とされてきた。だから、娘がその代役を勤めると、次代の主婦はその娘ということになり、他家の嫁になれなくなるからというわけである。ずいぶん屈折した理屈であるけれども、もともと主婦がその家の神とか祖先を祭る権利と義務とをもち、主婦にはそれにふさわしい霊能、したがって、余人でもって替えがたいような霊的資質を、神によって付与されていたことの名残りとみてよい。

主婦就任の儀式

沖縄本島に近い鹿児島県の薩南列島に属する沖永良部《おきのえらぶ》島では、主婦がその家のカマドの神を祀るという作法が、はっきりと伝えられている。この島では、古くからの家はどこでも石を三個ずつ組合せたカマドが数基ならんでいて、そのうち主食類を煮炊きするいちばん大きいのをオカマサマとよび、これをカマドの神の依代とみなし、家の主婦は毎日このオカマサマを祭り、とくに月の一日と十五日には香を焚いて拝むことになっている。このあたりは、先に紹介した畿内の農家や町家の台所の大釜さんのばあいに類似しているが、この島のカマドは構造が簡単なせいもあって、その家の主婦が死ぬたびに新しく造りかえ、そのとき、新しくカマドの石を据えるのは次に主婦になるものの役といっている。カマドづくりは新しい主婦の即位式、就任式というべきもので、祀るものが交代すれば、祀られる神の座も新しくする必要があると考えられたため、こうした作法がつづけられたわけである。

鹿児島県囎唹《そお》（曾於）郡輝北町百引《もびき》（現・鹿屋市）あたりの旧家でおこなわれる「オカタの舞い」とよばれるものも、おなじような事例である。鹿児島言葉でヒノカンサー（火の神さま）とよぶのはカマドの神のことで、旧家には家（内）の神さまという意味でウッガンサーとよぶ屋敷神があり、霜月十一月のヒノカンサーの祭りをウッガンサーの祭りといっしょに行なうところも多い。輝北町の百引などはその例で、村の旧家では祭りの日にはカマドに注連縄を張り、ヒノカンサーの御幣を入れた箕《み》をカマドの上にのせる。そして舞人や楽人をつれた神職をまねき、祝詞のあと、神職とその家の主人夫妻がお神酒をくみかわし、ふたたび祝詞と神楽があったのち、「オカタの舞い」というのがなされる。オカタとは主婦をさす古いよび名であるが、主婦はカマドにのせてあった箕をとって頭の上に

農家の台所のナガシの上に祀られているエビスさん
——京都府相楽郡和束町撰原——

のせ、カマドの前に敷かれたムシロの上に立ち、その周囲を舞人が御幣を手に持って舞う。これがすむと、主婦は箕を頭上にいただいたまま、家の納戸に退き、祭りが終る。

こうした儀式の次第をみると、舞人や楽人をつれた神職をまねくのは、後世の変化であり、付加物である。主婦が頭にいただく箕が火の神ののりうつる依代《よりしろ》であり、主婦自身が神を招く巫女となり、夫がこれを祭るのが、古い神事の形であった。このほか、田植の終ったとき、家の台所などに祀るエビスさんに稲の苗を供える風は各地にみられ、農家ではエビスさんは生業《なりわい》の神、したがって田ノ神として祭られてきたことがわかるが、こうした家のなかでの田ノ神の祭りに関して、女性、とくにその家の主婦が特定の役をもつ例は多い。中国地方の山間部で、納戸に置かれた米びつを田ノ神の依代とし、毎日とか、月の一日と十五日に家の主婦が供物をそなえ、これを女の神さんとしているのは、その代表例である。

農業・養蚕の神として関東から東北にかけて分布しているオシラサマの信仰は、たいていはイタコ、オカミンなどとよぶ職業的な巫女の管理下に入り、村の半ば公的な祭りをうけている場合が多いが、東北南部の山形県や福島県には巫女の関与をうけず、家々の私的な神として、主婦の手で祀られている古い姿のものが残っている。そこではオコナイサマ、オシンメサマなどの名でよばれることが多いが、この神さまは旅好きで、しばしば主婦たちの夢枕に立ち、旅に出たいということがある。そうすると、主婦たちはこの神さまを背負い、近くの村だと顔を知られていて恥ずかしいので、なるべく遠いところまで出向き、巡礼のように米や銭を施してもらって歩いたという。

便所や箒の神などが、出産や育児を通じて女性と深い関係をもっていたことはすでに述べたが、世の男性たちが村の氏神をはじめ、公的世界の神々を独占し、女の身には穢れがあるなどといい、仏教の理屈も借用して公的神々の祭事を主宰するようになってからも、家ごとに私的に祀られている神々の司祭権は、久しいあいだ主婦をはじめとする女性たちの手に掌握されてきた。シャモジを手にする主婦たちが、家政管理者として家族員個々の「ワタクシ」を宰領し、その霊力を統轄すると信じられていたあいだは、彼女たちは家の神の司祭者にふさわしい資質をもち、すぐれた霊能の保持者とみなされた。『壺阪霊験記』のヒロインであるお里さんのばあいは観音菩薩であったけれども、彼女たちの念力は、諸仏菩薩、諸天善神も容易に感応するほどに強力な霊能をそなえ、女の一念の凝るところ、あるときは男性たちにも増して、さまざまな奇跡を、眼前に起しうると信じられてきた。

練り踊る女の信仰

日本人の重層信仰とよばれるものは、民族の枠とか国境を越えた世界宗教としての仏教や、民族宗教とよぶべき日本独自の宗教である神道のほか、盆・正月をはじめとするさまざまな年中行事、冠婚葬祭などの儀礼習俗、各種の芸能類にみとめられる素朴な民俗的信仰から、個人の日常のなにげない所作のなかにひそむ禁忌意識や呪術的行為にいたるまで、多様な信仰が社会的に層序をもって並存し、重層するという現象をさしているだけではない。ひとりの人間の魂が、生活の私的側面における原始的な呪術信仰、精霊崇拝から、公的側面での高度の倫理的宗教にいたるまで、置かれた状況によってその間を自由に往復するという現象をもさしているとみるべきである。ひとりの個人の内面において、高度の宗教生活がなにかのはずみで亀裂をみせると、当人が意識するとしないにかかわらず、そのなかに原始的な呪術信仰がひそんでいたり、逆に、一念の凝るところ、もっとも素朴な信仰に生き、自分では呪術そのものに身を託してなんとも思わない人が、そのままの姿で神を感得し、地上的なものを身につけ、抱きつづけたまま宗教の世界に向けて離陸し、飛翔することもありえたことを、私たちは重視したいと思う。

以前、鹿児島県出身の学生から、お家の歴史として聞いた話である。郷里は薩摩半島も先端に近い麓とよばれる集落の一つ、父親も元海軍の職業軍人という典型的な鹿児島士族のお家柄であるが、明治十年（一八七七）の西南戦争のとき、ひいおじいさんが、西郷軍に加わって出陣した。そのとき、嫁入りしてきて間もないひいおばあさんが、近所の婦人たちといっしょに、三味線、太鼓で踊りながら、ひいおじいさんたちの出陣を送ったという。このとき西郷軍は結局敗れたけれども、この家ではひいおばあさんの熱誠が天に通じ、ひいおじいさんは無事に帰還してお家の断絶をまぬがれたわけであるが、いよいよ西郷軍が隊伍をととのえ、熊本めがけて北上した途中の村々では、それぞれ村をあげて到着した軍隊をもてなし、翌日は村の婦人たちが総出で村境まで送った。ときは冬の二月、南国にはめずらしく大雪の降ったあと、婦人たちは熱狂のあまり、上半身を肌ぬぎになり、首から胸に正月の注連縄を掛け、三味線、太鼓で踊りながら隊列の先頭に立ったと伝えられる。

沖縄では、第二次大戦の前、村から徴兵で軍隊に入営する若者があると、村中の婦人が総出で入営兵の行列の先頭に立ち、鳴り物にあわせて踊りながら那覇の港まで送り、これを「鎮台のぼり」とよんだという。鎮台とは師団の古いよび名であるが、西南戦争のころには本土の鹿児島あたりでみられたことが、沖縄ではかなり後までなされたわけである。

女性といっても年若い娘ではなく、それぞれ家にあって家の神を祀っている主婦たちが、華麗な衣装をつけ、三味線や太鼓などの鳴り物の囃子にあわせ、隊列をつくって踊りながら行進する姿は、それ自身が魔を祓う聖なる行為として、この地の人たちの印象に、とくに深いものがあったらしい。たとえば、鹿児島県の霧島山西南麓の村々に、「カヤカベ教」と外部の人たちからよばれているかくれ念仏の一派が所在している。周知のとおり、鹿児島の島津藩ではキリシタンや日蓮宗の不受不施派などとならび、一向宗（浄土真宗）をも禁圧してきた。団結して一揆を起すのを恐れての処置であったが、念仏門徒たちは信仰を秘匿し、潜伏してきびしい弾圧に耐えているあいだに、キリシタンの場合とおなじように、外部との交流が遮断されているため、一部の人たちの信仰が土俗化し、さまざまな夾雑物をまじえるものが現われた。

詳細を紹介する余裕がないので省略するけれども、カヤカベ教徒たちは浄土真宗の信仰を標榜しながら、霧島山の神に対する伝統的な土着の信仰を媒介とし、教団の教祖と極楽浄土の阿弥陀如来とのあいだに特別の霊的な回路のあることを信じ、教祖の手を経て示される阿弥陀如来の霊託を、彼らの信仰の証しとしてきた。集落ごとに居住している教団幹部の家々には、幕末維新の時代にこの教団のいちばん発展した時期、教祖の手もとから発せられ、教団内で秘密のうちに回覧された「御状《ごじょう》」とよぶ浄土からの通信を認めた文書類が伝えられているが、そのなかに、生前の信心のおかげで極楽に生まれさせてもらったと

京都府相楽郡加茂町岩船（現・木津川市）、白山神社で行なわれる「おかげ踊り」も、婦人たちが主役をつとめ、伊勢詣りの道中の踊りにはじまるという。

いう女性が、浄土で薬師如来の側役を勤めさせてもらっている旨をこの世に残ったものに知らせている文面のものがある。それによると、浄土で、お薬師さまの供衆というのは全部で二百三十五人あり、そのうち、この話を知らせてよこした田原（旧姶良郡牧園町宿窪田）のおゆみという名の女性を含めて二十五人が三味線を弾き、これ以外に鼓の役が二十五人、太鼓が十五人、琴を十五人で受持ち、花笠女の踊りのようにして、如来さまのお宮まで練って行くとある。

仏典に説かれている「聖衆来迎《しょうじゅらいごう》」の日本版であり、まことに農民的な発想であり、幻想といえるものである。こうした例のあることは、年若い娘たちだけにかぎらず、年配の婦人たちも含めて美しく飾り、囃子にあわせて踊りながら行進することが、一般に神や仏を捧持し、あるいはそのお供をする聖なる姿として観念されていたことを物語っている。現在、鹿児島県下に分布している「疱瘡踊り」とか「馬方踊り」とよばれるものは、その名残りと考えられ、「八月踊り」とか「太鼓踊り」などとよばれるものが村の広場でなされる輪踊りであるのに対し、シベ（御幣）を手にして前向き縦隊で踊るのを特徴としている。それに、一般の盆踊りが男だけとか娘だけ、あるいは男女いっしょに踊るのが普通であるのに対し、この踊りは成年の女性、それも家々の主婦たちによってなされる。

御霊会《ごりようえ》の後裔、疱瘡踊り

小野重朗氏によれば（「疱瘡踊り」――『日本民俗学』46号）、鹿児島県下で疱瘡踊りとよばれるものは、馬方踊りといって伊勢信仰にもとづく伊勢詣りに、疱瘡（天然痘）神の祭りが結合した素朴な劇的要素をもつものと、純然たる疱瘡神を祭却する儀礼から発した疱瘡踊りの二つのものからなっている。このうち、より古態をとどめている後者の疱瘡踊り（ホソオドイ）は、ホソダンゴツクイ（疱瘡団子つくり）と、ホソカンジン（疱瘡勧進）、ホソバチラキ（疱瘡鉢開き）とよばれるものと深い関係をもっている。薩摩半島の南部の村々で行なわれる疱瘡団子つくりというのは子供をもつ主婦たちの講で、彼岸の日などに部落の特定の家を宿にして集り、そこで疱瘡団子とよぶ特別に小さく作った団子を疱瘡神に供えて子供たちの疱瘡が軽くすむように祈り、終って団子を近所の家に配る。これに対して疱瘡勧進とか疱瘡鉢開きとよばれるものは、かつて鹿児島県北半から宮崎県西南部に分布し、現在ではカンジンもハチラキも乞食を意味する言葉になっているが、これらの地域では、明治の末年ごろまで疱瘡が流行したり、その噂を聞くと、子供をもった主婦たちは、頭巾や手ぬぐいで顔をかくし、変装して隣の部落へ行って米や酒をもらって歩き、村に帰ってから宿の家に集って講をもち、もらってきた米で疱瘡団子をつくって部落内の各戸にくばった。一方、隣村からの疱瘡勧進を迎えた部落では、米や酒を出して丁重にもてなすが、一行が帰ってゆくと、その後で自分たちもただちに次の部落へ疱瘡勧進に行かねばならないとされていた。

子供のころ、隣の部落からやってきた疱瘡勧進の姿をみたことのある老人たちは、それが子供心にとても怖ろしいものであったとの記憶を語ってくれるという。頭巾や手ぬぐいで顔をかくし、変装した主婦たちはそれ自身が怖ろしい疱瘡を流行さす神であり、それを迎えた部落では、威力強い神であるため拒む術もなく勧進に応じて米や酒を出し、自分の部落では疱瘡が軽くすむように祈りながら、ただちに隣の部落に勧進に赴いて、そうそうに疱瘡神を送り出したわけである。したがって、先に紹介した疱瘡団子つくりは、この疱瘡勧進のなかの、勧進を終って帰ってから団子をつくって祭る部分だけが残ったものといえるが、一方、馬方踊りなどとよばれるものと結合して今日も鹿児島県下で広く行なわれている疱瘡踊りも、その名のとおり上記の疱瘡勧進から派生し、即興の手ぶりから脱却し、整序された民俗芸能に成長したものとみることができる。

疱瘡神は派手好みで踊り好きであり、怒りやすい神といわれた。疱瘡勧進に来た人たちは、顔には泥絵具や墨をぬり、派手な襦袢に縄の帯をし、笠をかぶって着物を裏返しに着たり、棕櫚の樹の皮を身につけ、三味線や鉦・太鼓を鳴らし、

ホソノカンサー《(疱瘡の神さん)》に　踊イ《(り)》してあげよ、
ホソ《(疱瘡)》は三つで　軽いと　軽いと

などと唄いながら、道中、部落の辻々で踊りながらやってきたという。これは明らかに異装を競う風流《ふりゅう》の踊りであり、平安の昔、京中で疫病が流行したとき、その原因を御霊とよぶ怨霊のしわざとみなし、貴賤上下がそれぞれ常軌を逸した華麗な行粧をこらし、さまざまな芸能を動員して恐ろしい御霊を慰撫し、これを洛外とおく送ったという御霊会《ごりょうえ》の、直接の後裔とみなしうるものである。小野氏の論考によれば、始良《あいら》郡栗野《くりの》町（現・湧水町）米永《よねなが》の馬《ば》場迫《ばがさこ》では、かつて疱瘡勧進をするときは部落にあるお薬師さんの像を一人が背負い、一同が変装し、太鼓、三味線で囃しながら疱瘡を隣村まで送りだしたという。先に紹介したように、おなじ始良郡に住むカヤカベ教徒のあいだに伝えられている浄土からの通

信のなかに、浄土ではお薬師さんの行列にたくさんの女性がお供をし、鳴り物で囃しながら練り歩くとある。おそらくこの世にあって疱瘡勧進をしたもの、あるいはそれを迎えた人たちの抱いた異常な精神的昂揚が、彼岸の世界に投影され、幻想されたのではあるまいか。

疱瘡勧進に歩いたもののなかに、棕櫚の樹皮を身につけるものもあったというが、『日本書紀』神代巻の「宝鏡開始」の条の第三の一書に、乱暴のゆえに高天原を放逐された素戔嗚尊《すさのおのみこと》は、おりからの霖雨に青草を結束して笠蓑《みの》とし、身につけたとある。小正月の晩の聖なる来訪者のひとつである秋田県男鹿地方のナマハゲも、けら蓑をつけて現われ、子供たちをおどしつける。こうした扮装をするものは、神自身を現わすものとみなされてきた。疱瘡勧進をした主婦たちは、疱瘡神を祭り、その怒りを鎮めて送ろうとする人であるだけでなく、祭儀の異常な昂揚のもと、彼女たち自身が怖ろしい疱瘡神であり、その憑依者でもあった。

また、先にのべたように、西南の役に北上する西郷軍を迎えた村々では、女性たちが寒中に双肌ぬぎになり、首に注連縄をかけて踊りながら送ったというが、その姿は、『古事記』の「天岩戸の段」における天宇受売命《あめのうずめのみこと》の姿を彷彿させる。『古事記』によると、宇受売命は天照大神の隠れた岩戸の前で、天香山《あめのかぐやま》から採ってきた天の日影《ひかげ》をたすきにかけ、天の真拆《まさき》を鬘《かずら》とし、天香山の小竹葉《ささば》を手草《たぐさ》に結い、汙気《うけ》（槽）を伏せ、それに乗って踏みとどろかし、神懸りして胸乳を外に出し、裳紐を下腹におし垂らして踊ったとある。天然痘（疱瘡）の流行にしても、戦争にしても、天照大神の岩戸隠れに勝るとも劣らない異常事態である。平素は表面に現われない家々の主婦たちの無意識のうちに保持してきた霊能が、一挙に噴出しても不思議ではないだろう。夏の稲虫送りほどの、悪い霊を鎮めて送る程度の祭儀なり、呪術ならば、ことはこれほど深刻な展開はみせない。だが、夫や子供たち、ひいては村に住むすべてのものの生命に直接かかわりのある事態のもとでは、呪術する人がそのままの姿で入神の域に達し、地上的なものを抱きつづけながら、この世に神をあらわした。その間にあって、疱瘡を流行させるという怖ろしい神、まだ呪術と完全に縁の切れてない精霊的な神々も、やがて人間に恩徳をもたらし、疱瘡の流行をとどめてくれる神に飛躍する機縁をもちえたかと考えられる。

辻とサイの河原

しかも、そうしたことが、疱瘡勧進をする人たちが部落の辻々で繰返した踊りのなかでなされたことは、十分に注目する必要がある。考えてみると、辻とよばれる場所は、まことに複雑な意味をもっている。先に「家のカド」とか「正月のカド松」というときの「カド」という言葉に漢字の「門」をあてはめたため、多くの誤解を生じていることをのべたが、「辻」の場合は中国の文字ではなく、日本でつくられた漢字である。だから、「カド」

京都東山区山科大宅辻脇町甲ノ辻（現・大宅甲ノ辻町）の御旅所。毎年10月神輿を迎え祭典が行なわれるが、平素も鉄柵を設けて穢れのないよう配慮されている。

のような誤解は発生しないけれども、「十」に「辵」だから十字路のようでもあるが、十字路の場合はとくに四つ辻とよんでおり、十字路や三差路だけが辻というわけでもない。それは集落の中にもあるし、集落を少し離れたところにもあり、これほど不思議な、説明しにくい地点もない。しかし、人の住む場所から完全に離れたところに辻とよぶところはないから、人々が日常の生活を営んでいるところからどこか遠いところ、外の見知らぬ世界に向おうとするとき、そうした行動なり、想念の起点になるようなところに「辻」があるといってよさそうである。

正月の「砂道」とか、盆の「精霊迎え」の習俗などに示されているように、正月の神さんや盆の精霊さんを「ムラの辻」に迎え、そこから「カド」とよぶ家の母屋の前庭まで招じて祭るのが、あの世からの客を迎えるいちばん基本的な、もっとも日常的な経路であり、作法であった。辻は外界へ出向くときの出発点だけでなく、外から来るものの到着点であり、ターミナルという言葉とも一致する人々の集るところ、物資や情報の集積地でもあった。だから、このことは都会でも例外ではなく、京都の町では天然痘や麻疹《はしか》が流行すると、住んでいる町内の四つ角に、半紙に赤飯を盛ったものを供えて、神々の怒りを慰撫しようとした風習は近い時代まで行なわれた。記録によると、一条天皇の正暦五年(九九四)の五月、史上有名な疫病流行により、宮中で臨時に仁王経を講じてその防除がはかられると同時に、平安京内の小路の辻ごとに高座を設け、そこでおなじ経を講ぜしめたとある(『本朝世紀』)。村々の辻堂、辻の地蔵尊だけでなく、辻々での祭りは由来するところ久しく、かつ遠いもののあることが知られる。一条戻橋で有名な橋上での橋占も、辻占などとよばれるものと、おなじ発想に属することがうかがわれる。

これらのことは、辻とよばれる地点が、もともとそこから未知の世界のはじまる地点であったことを物語っている。現代のわれわれにとってこの世の果てといえば、それは天空の彼方、宇宙の果てを意味しているが、かつて生産と消費、ないしは交易の単位としての村落共同体が強く生きていた時代は、人びとにとってのこの世の果ては、まことに近いと

海岸にある「才の河原」——石川県鳳至郡能登町波並（はなみ）——

ころに存在した。北は青森県下北半島の恐山から、南は九州の阿蘇・霧島まで、火山地帯の噴出する地熱がおそろしい地形をつくりだしている場所を、地獄とよぶところは多いし、そのようなところには、かならず賽の河原とよぶところがある。だが、この賽の河原はけっして人里はなれた山中にあるだけではなく、平野の村や町のはずれにも、おなじ賽の河原とよばれるところは少なくない。

たとえば京都市右京区の、西大路通と四条通の交差点付近一帯を西院と書いてサイとよび、西院（賽）の地蔵さんが祀られているが、ここは中・近世の京の町の西のはずれにあたっていた。おなじような例は各地にみられる。地獄の賽の河原で、子供たちの石を積むのが双六《すごろく》の賽に似ているから賽の河原というのは俗説にすぎない。賽の河原の「サイ」はさえぎるの「塞」であり、「道祖神《さいのかみ》」の「サイ」であり、石をいく段にも積み重ねるのは、もとは村境を守る神である道祖神を祭る作法であった。村境というと、私たちの常識では村の領分の境界を示す線と考えている。しかし集落が広々と拓かれた田園にかこまれ、隣の集落まで一面に耕地がつづき、そのなかに集落と集落を結ぶ畷道が一直線に走っているという情景は、強大な中央権力や、それと結んだ商人資本の手で大規模な灌排水工事が遂行され、その結果、低平な海岸デルタや内陸台地上に広大な新田開発が強力に展開した近世以降のことであった。そういう景観のもとで村の境界といえば、縄張りという言葉がもっとも端的に示しているような線を意味している。

ところが、まったく手付かずの、広大な未開の原野山林に囲まれ、その中に適地を求めて集落を営み、周辺にわずかの耕地を拓いてひっそりと住んでいた時代の人びとにとって、外界につながるものは、村から無人の山林原野を縫って細々とつづいている一筋の道だけであり、道でないところ、山林とか原野、沼沢の類は存在しても、存在意味はなく、まさに空白の部分といってよい。とすると、そのような状況のもとで境とよばれるものは、外界とつながる道路の上に設定される点にならざるをえない。たとえば、史上有名な大化改新にあたり『日本書紀』大化二年（六四六）正月条に収められている詔勅には、「東ハ名《ナ》墾《バリ》ノ横《ヨ》河《カワ》ヨリ以来《コノカタ》、南ハ紀伊ノ兄《セ》山ヨリ以来、西ハ赤石《アカシ》ノ櫛淵ヨリ以来、北ハ近江ノ狭々《サザ》波《ナミ》ノ合坂山ヨリ以来ヲ畿内国《ウチックニ》ト為ス」とあり、伊賀の名張、紀州の兄山、播磨の明石、近江の逢坂《オウサカ》山という四つの地点をあげ、これでもって「畿内国」の範囲としている。後世に五畿内といえば、山城、大和、摂津、河内、和泉の五カ国をさし、その範囲といえば必然的にこれら五カ国の外周をなす国境線で示される。ところが右の大化の詔勅は、山脈とか河川といった線ではなく、畿内から畿外に出る街道の要衝、したがって点でもって境界にしている。

律令時代の土地制度の原則は、「令」の規定しているところに従えば、農民にとって宅地とそれに付随する畑の私有は公認されていたが、その周囲の耕地についてはいわゆる班《はん》田《でん》収授の法のもと、六年ごとに班給されて所有に制限をうけていた。さらにその外周にある山林原野については無所有の状態で、だれがどのように用益してもよいということになっていた。この国土には無主の空白地帯というべき場所がいたるところに存在し、境界を線で考えるような、したがって封建的な領分の考え、縄張り意識の成熟する以前の状態にあったかと考えられる。国土を平面的に開拓しつくしたあと、現在の私たちの生活空間は、領空という言葉で端的に表明されているように、三次元の空間である。必然的に、そうした三次元空間での境界といえば二次元の面となり、国と国との境は線ではなく、面でもって構成されている。だが、こういう事実を知悉し、航空機による領空侵犯といったことに敏感に反応できるのは、実際は一国の政治・経済の中枢に位置し、外国への渡航が日常的になっている一部の人たちに限られている。われわれ一般庶民の日常的な生活空間は、依然として国土の表面という二次元の世界にとどまっていて、そこでの境界は線という一次元の意識によっている。

聖域としての辻と境

私たちは、さまざまな情報伝達の手段により、この国土のうえに構築された三次元の空間のなかに組織されている。実際の国の境はとっくの昔から線ではなく、レーダー網でつくられた面であり、国境線上に築かれた電波の壁になっている。にもかかわらず、客観的にはこういう状況のなかに住んでいながら、われわれの日常の生活意識は二次元空間のそれであり、国と国の境といっても、隣家との境界線からの類推以上のものに出ることは、むしろまれである。とすると、かつてこの国土の平面的な開拓と生活空間化が進行し、それにつれて縄張り意識が成立した後、二次元の平面世界に住んで一次元の線でもって境界とする体制が完成した後も、そうした意識を日常的にも明確に保持したのは、やはり政治支配の中枢に立った一部の人にすぎず、一般の庶民はながくそれ以前の段階にとどまっていたのではなかろうか。一筋の道だけで外界とつながり、境といえばそうした一次元の線上に設定された0《ゼロ》次元の点であった時代の意識は、庶民のあいだでは意外と久しくつづいたように思えてならない。

村の辻に祀られる田の神さま。疱瘡踊りもこういう場所で一段と激しく踊られたろう。——鹿児島県始良郡牧園町上中津川字横瀬——

内陸の村であるのに、自分の住む部落を「島」とよび、「島内安全」などと刻んだ常夜灯をみかけることがある。これなどは、村が絶海の孤島とおなじように、容易に通り抜けることのできない無人の地に囲まれ、ひっそりと住んでいた時代の感覚を伝えるものである。こうした状況では、峠とか橋のたもと、あるいは辻など、道路沿いの、境の神である道祖神を祀る地点が、実感をもって「境」といえる場所であった。昔の人にとって、この世の果てが意外に近いところにあったということは、このことを指している。道祖神が人事のすべてを掌握し、人の未来を支配するという信仰は広く、村はずれの辻堂に雨宿りしていた若者が、道祖神たちの相談事を盗み聞きし、そのおかげで未来を予見することができて成功したという話もある。この神に祈願して子供を授けてもらうこともあるし、村はずれの賽の河原を夜中に歩くと、土中から赤ん坊の泣声が聞えるというところもある。いずれも道祖神を祀るような場所が、この世とあの世の接点であり、幽界と明界の境点と考えられてきたことを示している。

それゆえ、こうしたターミナルとしての「辻」は、物心両面において未知の世界とのもっとも直接的な、したがって「第一次的」な接点であり、この世におけるあの世の露頭であった。そこを通りかかる人たちが、自然に襟を正さないではいられない気持になって、道祖神のために石を積み、疱瘡踊りのような神送りの祭儀がここで一段と昂揚を示したのも、理由のないことではなかった。辻とは村に住む人たちがもっとも激しく呪術して当然のところであり、それだけ他とちがって格段に効果のある場所であった。だからこそ、そこはまた、呪術から飛躍して神々を迎え、神を祭って人々の宗教する聖域となることができた。先に紹介した高見峠の山女のような人たちが神をみたのも、その原初的な第一次の形態にあっては、かならずやこうした村里での辻々であったはずである。それが人里離れた山中とか、海浜をはじめ、霊場などとよばれ、職業的宗教家の開設したような場所になったのは、人々の生活空間の拡大にともない、この世の果てがそれらの山や海辺まで押詰められたことの結果であり、それはより後次の、ないしは第二次的な現象とみることができよう。

ともあれ、人々が神をみる場所としての聖域の問題は、神をみる人たちが個々に保持している「ワタクシ」の、霊的エネルギーのすべてが放出される場所として、考えなければならないことを多く孕んでいる。これまでさまざまな形でのべたように、鬱屈した個々の「ワタクシ」は、近代的自我とちがって自身で自立するものでない以上、つねに所属する現世の共同体を超えるなんらかの聖なる地点をえらび、そこでの燃焼にすべてを賭けざるをえない構造をもっている。そうした場所をどのようにして選ぶかということは、共同体に敵対し、それを克服し、無視するなかで自らを育てようとしてきた近代的自我の立場からは了解のできない、理屈を越えた直覚によるという以外にないだろう。おなじ民族に属しているもの同士が、相互に共有している論理以前の、連想の定型によるとしか表現のできないものにもとづいている。だが、そうした定型的な発想の連鎖の命ずるままに自他ともに認める特定の聖域をえらび、そこで自ら燃焼することで発する光芒により、自らの存在を他に明示するものが、「ワタクシ」の保持する霊的能力のすべてであるならば、近代以前の個人のありかたを考え、今日の私たちの自意識の原点を探るためにも、人はどのようなとき、どのようにして神をみるのかということと、神をみる場所との関連は、等閑視できない問題である。

V 座敷づくり

昔ながらの村の水汲み——鹿児島県下の麓集落で——

時間と空間の折り目

前々章から前章にかけ、「この世の果て」といった言葉を使い、かつてさまざまな共同体のなかでのみ生きた人たちが、なにかのはずみで共同体から脱落し、疎外され、あるいは戦争や飢饉、流行病などに直面したときの、極限の位相というべきものを中心に考えてみた。しかし、民俗の学問のもつべき課題は、けっしてこういう段階にとどまってはならない。

もともと諸共同体の成員が個々に保持した「ワタクシ」、近代的自我の成立する以前から存在し、今日のわれわれの自意識の根底に伝承しているところの、人間個人をめぐる伝来の感情とか、共同体内での個人生活の本質構造を考えようとする場合にも、私たちが中心に据えるべきものは、他の問題と同様にあくまで日常生活の内省であり、そのための作業である。人の極限状況についてみるのも、平生の姿を考えるための素材や、視点を見出すための方便といってよい。平凡な日々の生活のなかにこそ、私たちのもっとも大切にすべきもの、いつの時代にも社会文化の基層を分厚く築いてきた一般庶民の保持してきたものが、めだたないけれども、それだけ本然の姿で、正負のいずれの方向にも誇張されないかたちで存在してきたと考えるからである。

それにしても、かつて帰属している共同体の掟にもっとも従順であった人たちの個々の「ワタクシ」が、それゆえにまた、この世の共同体を超える聖なる場所、非常の空間を容易に直覚できたということ、そこにおいて人間としての至福を感得したということは、無垢の「ワタクシ」の保持する霊的性能の発現そのものであるだけに、万事に聖と俗とのけじめを見失いがちな現在のわれわれからみて、いちばん理解しにくいことがらに属しているかと思われる。だが、そのような私たちにとっても、神聖な時間ということは、それなりに実感をもって理解できそうである。

人は幸福の絶頂にあるときに神を想い、永遠を考えるといわれるが、ことは不幸のどん底にあってもおなじであろう。生涯を顧みていちばん長かった日、一日が千秋の思いであったといえるような体験は、人それぞれ自身のなかに秘めている。そのように濃縮され、緊迫した時間帯は、父祖たちにとっては多く共同体内における定められた聖なる時間、儀式の日として、生活のなかに一定のリズムをもって訪れた。人には生まれてから死ぬまで、いくつかの「晴れ」の日があり、仲間とか親類、縁者たちの祝福を受けながら、それらの聖なる関門を通過する。その名残りは誕生祝いや七五三、入学や卒業、結婚式とか長寿を祝う会合などに、今日もみられる。また、こうした人生行路のうえに設定されている通過儀礼とよばれるもののほか、年間には大小さまざまな祭礼・神事が、村や家、同族や近隣を単位におこなわれ、春耕秋収という伝来の水稲耕作の手順に基礎をもつ一定のリズムにより、正月から年末までの年中行事がなされてきた。

聖なる時間とそうでない時間、いわゆる「晴れ」のときと「褻《け》」のときとの交替のリズムは、今日の私たちもある程度はこの方式に従い、現実の生活がそれに合わされている場合が多い。だが、私たちの父祖は、このような時間的な形での聖と俗のリズムのほかに、もうひとつ空間的にも聖と俗の違いがあり、「晴れ」と「褻」の変化のあることを明白に識別していた。永遠を感得するような濃縮された時間帯が存在するのとおなじように、そこに立てば全世界に通暁できるような濃縮された空間、そこだけ特別に密度の高い空間とか、場所とよぶべきものが存在した。もちろん、近代人にとっても、それなりに他と異る聖なる場所というものはあるが、それは時間とちがって個々人の内面に無限に細分化される可能性が大きく、多数者の共通の場として意識化される機会に乏しい。これに対して、人々の生活が所属する共同体ごとに場所的に固定され、まとめられていた時代には、聖俗の区別は空間的にもだれの眼にも明らかに存在していた。人の一生とか年間の折り目、切り目の行事はしばしば竹の節に譬えられるが、空間にも節目があり、時間と同様に、けっして「のっぺらぼう」ではなかった。

数え年六十一歳の還暦の祝いに、本卦還りとよんで赤い頭巾や下着を身につける風は、各地でみられる。これは赤い色に魔を祓う呪力があると考えられてきたこともあるが、これでもって赤ん坊に戻り、もういちど再出発するのだと説明される場合が多い。これは、幼児から子供になり、子供から若者や娘になるときとおなじように、「擬死再生」といって人生の重大な関門を通るとき、いちど死んで甦るという一般に通過儀礼とよばれるものの根幹にある考えの現われである。人生の重大な転換期に、この世に生きながらあの世を垣間見、霊的世界における聖なるものに触れ、それでもって生命力を更新しようとする儀式である。そのために、本来はきびしい忌み籠りがなされ、しばしば引合いにだされる譬えであるが、蚕が繭をつくってその中にとじこもるように、俗界との交渉を断ってひたすら忌み慎み、聖なるものに触れたのち、蚕が繭を破って成虫になって出てくるようにこの世に戻るのが、もとの形であった。これはすべての神祭にも通じるものであり、聖なる時間とか晴れの日とよばれるものは、ことの規模に大小の差はあれ、いずれもこういう儀式をするときであるから、それは必然的に儀式をする特定の場所と結びついている。

各地の霊場とよばれるところには、しばしば「胎内くぐり」などとよぶものがある。それはたいてい本堂の階下などに暗い迷路をつくり、はじめ階上の本尊を拝んでから階段を降りて迷路を通り、中央部にある秘仏などを拝して再び明るい外界に出られるようになっている。これは生命の根元ともいうべき生まれた母親の胎内に戻り、そこで再生の力を得るためなどと説かれている。その発想は還暦祝いの赤頭巾などと全くおなじである。出羽の羽黒山で修験するものは、峯入りの帰途、産声をあげて下山するという。山上での、生命をかけるようなきびしい練行のあと、再生の歓喜を象徴する作法と聞く。これに比べれば霊場の胎内くぐりなどは児戯にひとしく、職業的宗教家の案出した一つの景物にすぎない。が、それにしても、霊場信仰が擬死再生の儀礼と深く結びついている事例の一つということはできよう。

ところが、このような霊場とか聖なる場所というのは、擬死再生といった神聖な行事をおこなうために使われるといった形でだけ機能してきたのではない。少しまわりくどい表現になってしまったが、神事や祭礼などに関する現在のわれわれの常識では、一定の日時に一定の行事をするため、一定の場所を使うという順番で、ことを運んでいる。だが、考えてみると、これは信仰が固定化し、各種の行事が恒例のものになった結果であって、信仰がほんとうに生きていたら、かならずしもこうした形だけにとどまらないだろう。なんでもない日でも、一定の場所に行くと特別の気持になり、そこで一定の行事をしないでおれないようになり、それをしても不思議でない状態になることも十分にありえた。聖なる空間は、べつに時間の掣肘をうけることなく、自身で自立していたわけである。

二〇七頁の写真は、京都府宇治市の上炭山にある「地蔵田」という名の水田である。ここには伝説が付着していて、昔、ひとりの親孝行者が親の病気の看護に手をとられて田植えが遅れていたのを、日ごろ信仰していた地蔵菩薩があわれみ、一夜のうちに植付けしてくれた。だから、今でもこの田の持主は、田植えを途中でやめて帰ると夜のうちに地蔵さんが手伝ってくれるので、それでは相済まないから、この田だけは植付けはじめたらどんなに暗くなっても、その日のうちにすませるといっている。一日のうちに植付けをすますという田は田植祭りと深い関係があり、もともと、ここは田植えにあたって田の神を迎え

京都府宇治市上炭山の「地蔵田」。

て祭る特別の田であったのが、その由来が忘れられて一日のうちに田植えをすますという習慣だけ残ったため、それを説明するために地蔵さんが助けてくれるという伝説が付着したものと考えられる。こうした田も、写真でみてわかるとおり、部外者からはなんの変哲もない、道と小川にはさまれた三角形に近い平凡な田にすぎない。だが、この村に住む人からみると、この田は他の田とちがう特別の田であり、田植えを途中でやめて帰ると、後で地蔵さんが助けてくれるのがもったいないと語る言葉の端に、この田に入るときには特別の心がまえになった古い信仰が、姿をのぞかせている。

すでに前章でのべたとおり、神をみる聖なる場所というのは、けっして人里はなれた深山や海浜にだけあるのではない。むしろ写真で示した宇治市上炭山（現・炭山）の「地蔵田」のように、平凡な村の水田のなかなどに、かえって本然の姿のものが残っていると思う。というのは、前章で紹介した大和の高見峠に住んでいた山女の例をみると、高見の山はそこで山女になった当の本人にすれば、他のなにものにも替えられない奇跡の起った場所であった。だが、彼女はそこに入ったまま、もとに戻れない異常の人になってしまっている。もしも彼女が再び人里に帰るとすれば、およそ不可能なことかもしれないが、彼女がそこで一段と宗教的精進を重ねて真の開眼に成功し、自己の体験を普遍化して職業的宗教家にまで自らを高めてからのことだろう。人里はなれたところにある聖なる場所というのは、職業的宗教家とか、その先達に従う人でなければ自由に往復できないような、それほど日常と隔絶してしまった場所である。これに対して人里近く、人々の生活に即して存在する聖なる場所は、そこに入ったら容易にもとに戻れないというような、むつかしい所ではない。祭りの日がくれば、神霊とともに聖なる時間をすごし、終れば平素の生活にもどるように、その村に住む人はそこを通るたびに、あるいはそこを使うたびに、その地と結びついている神の奇瑞を想うけれども、その場を離れたら自然にもとに還るというふうに、「聖」と「俗」、「晴れ」と「褻」の両者が、時間的にも空間的にも密接に隣りあっているというのが、その本来の姿というべきだろう。

職業的宗教家というか、聖職者の手で威儀の整えられた祭事や法会は、彼らの手で設備の整えられた霊場や霊地とともに、人の日常とあまりに隔絶しているという点では、先の高見峠の山女の話に似て、極限の状況における事態のありかたに準ずる。私たちは、もとよりこうしたものを手がかりにするけれども、「聖」と「俗」、「晴れ」と「褻」の交替のリズムは、これまで考えてきた共同体内での個人の私的生活のありかた、成員個々の保持した「ワタクシ」のいちばん大切な行動様式として、より以上、人々の日常に即して探る必要があると思われる。

自給体制の根底

そこで、人のいちばん日常的で、私的な生活の場である家の内部のことにもう一度もどって考えてみると、問題はいくらでも残っている。たとえば伝統的な農家はもちろんのこと、町家でも昔風の建てかたであると、土間の奥が勝手とよぶ炊事場になっていて、裏口の近くにナガシ台のあるのが普通である。このナガシ台はハシリともよばれ、以前はまことに簡素な木製品であったが、その理由は、ナガシの役目がせいぜい漬物か、味噌汁の実をきざむ程度であったからである。

二一〇、二一一頁の写真は、三重県松阪市の城址公園（現・松阪公園）に移築されている国学者本居宣長の旧宅の正面と、台所の内部である。この家は徳川の三代将軍家光が死んで間もない承応三年（一六五四）十二月に、宣長の曽祖父三郎右衛門が建て、松阪市魚

本居宣長旧宅正面。

町一丁目にあったのを、明治四十二年（一九〇九）、本居家の東京移住により、鈴屋遺跡保存会の手で、現在地に移築されたものである。宣長の家は父の代まで木綿問屋をいとなみ、父の死後、家業が衰えたため、宣長は母のすすめで二十三歳のとき京都に遊学して医術を修め、二十八歳のとき松阪に帰って小児科医を開業し、かたわら古典の研究にいそしんだ。だから、この家は大町人ではないにしても、松阪木綿の名で聞えた商都伊勢松阪の、かなり裕福な町家とみてよいが、そういう家でも、台所の設備はこの程度である。

台所の写真の奥の左手、大きいカマドは正月や盆、祭りや先祖の命日の法要など、さまざまな晴れの行事の日に、大人数の食事を用意するときに使われ、味噌の仕込み

同右、台所内部。

などにも使われたろう。普段の日は向って右側の、板の間から坐ったままで煮炊きのできる、小さいカマドが使用されたと推測される。『飛鳥川』と『続飛鳥川』という随筆は、序文によれば文化七年(一八一〇)に八十九歳であった江戸の旗本の隠居が書いたことが知られ、若年のころ、八代将軍吉宗の享保年間(一七一六〜三六)からの風俗の変遷のはげしいのに注目して筆をとったものであるが、そのなかに、若いときは人参や牛蒡の煮しめなどは正月や五節句のときの御馳走で、ふだんは味噌汁と香の物ですませたと書かれている。旗本という将軍膝下の歴とした武家でも、江戸時代の中ごろまでは、こういう状態であった。宣長の家の台所をみても、粗末なナガシのほかには御飯を炊く釜、汁を煮る鍋と湯を沸かす茶釜をかける煙突もないカマドがあるだけで、燃料もおそらく平素は薪でなく、柴を使ったと考えられる。こういう質素な台所では、宣長ほどの大学者も、普段は汁と漬物ですませていたとしか考えられない。

江戸時代になると、都市における消費生活は、たしかに発達した。とくに幕末ともなると農家での野菜の栽培などは都市を目当てに次第に手が込んできて、天下の台所とよばれた大坂周辺の村では油紙の障子で囲った温床で茄子の促成栽培をはじめ、幕府の贅沢禁止令にひっかかっている。京都府下でも、たとえば相楽郡の笠置で胡瓜の抑制栽培をはじめ、木津川の水運で大坂へ出荷している。しかしこれらの品は、都会のごく限られた上層武士や町人が食べたもので、庶民の口に入るものではなかった。

話は食物でなくて着物のことになるが、『名ごりの夢』という書物がある。口述者の今泉みねは安政二年（一八五五）、蘭方医として幕府奥医師を勤めた桂川甫周の二女に生れ、明治六年（一八七三）佐賀県出身の今泉利春と結婚し、晩年に『名ごりの夢』という題で幼少のころからの体験を口述したものであるが、そのなかに七つの祝いのころを回想し、

「（桂川の）屋敷でも糸をひいて織っていたようで、なにかのことの外は呉服屋などよびません。いつかの年、かいこを飼うのを休んだ折には、今年はおべべをよごしてはいけません、かいこができませんから、とよく叱られました。白無地の反物がたくさんで

きていて、かたをおかした（捺染させた）のが私のふだん着でした。」

とある（平凡社・「東洋文庫」）。

口述者みねの父親である甫周は、桂川家七代の当主として家禄二百俵、役高百俵ほどであったが、奥医師として法眼に叙せられ、将軍の脈をとるということから、納言、参議に匹敵する地位にあったという。桂川の貧乏屋敷という評判もたっていたが、オランダ語の辞書である『ズーフハルマ』を公刊してからは、家計も好転したように記されている。その生活程度は中級の旗本ぐらいと考えてよいだろう。これほどの家庭が、絹物を普段着にするという点では、労働から離れた有閑階級であることを示すが、とにかくその日用の衣料を自家生産していた点に注目する必要がある。おなじ書物のなかに、後に浜離宮となったお浜御殿の梅林は、花よりも実を珍重したとある。梅の実は青いうちに採って梅ぼしにするだけでなく、十分に熟した実を黒くくすべたのを烏梅《うばい》とか燻梅《ふすべうめ》とよび、咽喉の痛み止めの薬にしたり、黒染めの染料にした。浜御殿には染色や製薬の作業場があり、ここの奉行は日光の朝鮮人参の栽培、伊豆の楠森や薬草園の管理も兼務していたという。楠は防虫剤である樟脳の原料であるが、旗本だけでなく、将軍家というか、幕府自身も、さまざまな形で日常用品の自給体制を維持していた。

江戸時代には貨幣経済が進展し、各地に特産品があらわれ、それらをめぐって商人の擡頭はいちじるしかったし、諸藩も専売制を強化するなどして財政の補強をはかった。しかし人々の日常には、自給自足の自然経済の体制が、意外に濃く残留していた。もちろん、都市細民とよばれる人々は、まったくその日暮しの、日銭に追われる生活であったが、おなじ都市居住者でも武士や町人は、相応に広い屋敷を構え、一般農家ほどではなくても、日用の衣料や食品を手作りする施設をもっていた。彼らの間でさえ、お金をだして買いととのえた衣料や食品に全面的に依存するのは、正月や盆、五節句以下の定まった行事の日か、冠婚葬祭の儀式や来客のときなど、特別の日にとどまった。「晴れ」の日には他人が驚くほどお金を使っても、普段は計画的に質素な手作りの品でまにあわせ、お金にたよるその日暮しに流されないように心掛けるのが、家の気品と格式を示すとさえ考えられた。まして村落にあってはなおさらで、神仏や祖先を祭る聖なる日とそうでない日、「晴れ」の行事と「褻」の日常、したがってオオヤケゴトとワタクシゴトの両者は家庭生活を明らかに二分し、人々は無意識のうちに両者を使いわけ、どちらか一方の考えで他を律するということはしなかった。貨幣経済の進展がいちじるしくても、「晴れ」に対する「褻」の部分、生活の私的分野で自給自足の体制と意識が頑固に保持されたゆえんである。

生活における「晴れ」と「褻」のリズム、オオヤケゴトとワタクシゴトの秩序ある交錯と両者のけじめづけは、父祖たちの日常の基調であった。そして、「褻」の部分に自然経済が濃く残ったのはひとえにこのためであったが、同時にもうひとつ、ここで頑固に自給体制を維持することにより、聖なる日の「晴れ」の行事をより強く印象づけ、あわせて「褻」の部分におけるワタクシゴトが貨幣経済の波に呑まれ、すべてが「晴れ」のオオヤケゴトに圧殺されるのを必死に防いできたということも、見逃してはならないと思う。台所についてみるならば、大根や菜類以外の蔬菜はたいてい「晴れ」の日の食品であり、実際に値段が高く、普段の日に手に入れにくいものであった。牛蒡や人参の類はまだしもであるが、山の村の人たちが平野の低湿地でなければ採れない蓮根を、海の魚以上に貴重品あつかいしたのは、つい最近までのことであった。蓮根（レンコン）はン（運）が二ついているから縁起がよいとか、穴があって先が見通せるとかいって、なにかの願いごとがあるとき、この煮しめをつくった。入社試験や入学試験を受けに行く子供の弁当のおかずに、蓮根の煮しめを入れてやったという程度の話なら、今でもおばあさんの昔話のなかで聞くことができる。これは、蓮根が現在のカズノコ以上に貴重な食品であったからだけでなく、久しいあいだ祭りの日の聖なる食品として、普段に食べるものではなかったことの残像である。

煮しめをつくるために必要な調味料としての醬油は、中世にその製法が中国から伝えられ、江戸時代のはじめには専門の製造業者も現われたが、自給自足をむねとする庶民の家庭で、平素も醬油を買って使うという風は、簡単に普及しなかった。一般の農家では、近い時代まで自家製の味噌からしたたりでる汁をタマリ（溜り）とよび、それで煮しめをつくった。東海地方では、麦でなくて大豆を主原料とする濃厚な醬油を、タマリとよんでいる。この名称は、粘度が高く、どろっとしているという外見上の類似から、味噌溜りの名が転用されたもので、本来の溜りとは製法がちがっている。そして、昔のやりかたで、家ごとに自家製の味噌からとれる溜りの量は、まことに限られており、煮しめは正月と盆ぐらいにしかつくれなかった。材料の野菜だけでなく、調味料の面からも制限があったわけで、煮しめは一般の家庭では最上等のおかずとして、大人も子供もよろこんで食べ、それの食べられる日をみんなで待ちのぞんだ。普段の日があって祭りの日が意義深く、「褻」の生活があって「晴れ」の行事が印象深いという構造は、このような形で、まさしく物質的に、生活の実感をもって維持されてきたわけである。

ワタクシの拒絶反応

西洋のチーズに匹敵する日常の主要な蛋白質食品である味噌については、昔から「三年味噌」ということがいわれた。仕込んで三年目の味噌のことで、いつも三年味噌を食べるように心がけ、それより若い味噌に手をつけると、家産が傾くなどといわれた。もっと厳重なところになると、三年味噌に手をつけるなといい、それよりも古い味噌を食べるようにしなければならないといった。これについては、おそらく後者のほうが本当ではないかと考えられている。というのは、昔は飢饉は三年つづくといわれた。天候の不順はたいてい二年つづき、二年目は前よりきびしく、そのため餓死者などがでて生産体制がくずれ、三年目は天候が回復しても生産がもとに戻らないというのである。

昔の人は最低三年間の食糧不足に耐えられるよう、普段から用意していたと伝える。山に近い村では、栗、栃、楢の木の実なども、それぞれ当り年には余分に拾って貯えた。これは家や村としての心得だけでなく、支配者、為政者たちもおなじであった。為政者たるものは人より先に憂え、人に遅れて楽しまねばならないといわれたが、それは具体的には政府として食糧を三年以上備蓄しているかどうか、その当てがあるかどうかにかかっていた。三年味噌に手をつけるなという戒めも、おなじ心がけにもとづいている。現在では味噌は豆や麦、米などを原料にするときめているが、昔の味噌はそのような贅沢なものだけではなかった。たとえば、畑しかない村では麦のヌカ、普通の村では米のヌカに塩をまぜて醗酵させたヌカ味噌も、ナメモノとしての味噌の一種であった。ヌカ味噌に野菜を刻みこみ、ヌカ味噌といっしょに食べたわけで、現在のように野菜だけを漬物とよんでヌカ味噌を捨てるなど、思いも及ばなかった。

米ヌカは、精白した米を食べなければできないから、米ヌカ自身が貴重品であった。漬物にも砂漬けというのがあり、米ヌカを使わないで砂に塩をまぜ、これに野菜類を漬けたという例もある。いくら豊作がつづいても、つづけばつづくほど逆に飢饉の年のことを思いだし、忘れないのが生活の基本として、久しいあいだ守られてきた。不幸が、いつ、どのようにして襲来するか、一寸さきは闇である。「満ちるは欠けるのはじめ」といい、「花に夜半の嵐」の譬えは、説経僧たちの口先の詠嘆だけではなかった。この言葉のもつ真の意味は、説経を聴聞する側の人たちのほうが、その身体に刻みつけて知悉していることであった。だから、貨幣経済が進展しはじめると、それのもつ危険性、相場の変動によるリスクを本能的に嗅ぎつけた人たちは、生活の「褻」の部分、私的な日常消費の面では旧来の自給体制を維持し、逆に強化しようとする努力さえ顕著に示した。明治になって飢饉の心配が解消し、三年味噌に手をつけてよい時代になっても、農家などでは買い味噌を恥とする気風が、近いころまで存続した。それは、直接には年間の消費量をあらかじめ用意できない資力のなさと、主婦の無能ぶりを示すとされたからであるが、より根本的には家々の表向きの収支、生産活動が貨幣経済の主導下に収められてしまったので、せめてうちうちの消費だけでも昔の形をとどめようとする。一種の拒絶反応であったかと思われる。

ここで一種というのは、家々の生活の「褻」の部分であるところの、その家の「ワタクシ」といいかえてもよいだろう。というのは、これまで「ワタクシ」という言葉を、近代的自我の成立する以前の、もっとも根元的な人間ひとりの意識という意味に限定して使ってきた。「ワタクシ」という言葉は、「オオヤケ」に対立するものである以上、究極的には人間ひとりひとりの保持する霊的性能に対する畏怖感とか、信仰といったものに帰着するのはあらためて説くまでもない。けれども、そのような人間個々人をめぐる意識と信仰は、近代的自我とちがって本質的に共同体に帰属し、敵対するものではないから、「ワタクシ」の意識と信仰は、しばしば個々の「ワタクシ」からみれば「オオヤケ」であるはずの諸共同体のうえに無媒介に拡大して投影され、実際に「ワタクシ」という言葉は、「オオヤケゴト」に対する「ワタクシゴト」という形で、より広範囲の、ないしはより高次の共同体に帰属する小共同体の私的側面をあらわす言葉として、ごく普通に用いられてきた。

具体的にいうと、究極は個々人に帰着するところの「ワタクシ」が、もっとも直接的に対峙する共同体は、家長と主婦によって統轄される単婚小家族から複合大家族、さらには同族組織にいたるまでの、さまざまな姿をした家の生活である。そして、そのような家々は、より広い「オオヤケ」である地縁村落の構成単位であり、村落はまた、その外界にある優れて政治的な、文字どおりの「オオヤケ」の世界に組込まれ、支配されている。したがって家とか村の場合は、もっとも究極的な個人としての「ワタクシ」と、その対極にあるもっとも強大な「オオヤケ」との中間に位置する連鎖の一環に相当するものとして、それ自身のなかに「オオヤケ」的側面と、「ワタクシ」的側面とを備えてきたとみてよい。そのなかの家について考えてみると、年間特定の「晴れ」の日に、家族一同が家長と主婦とに率いられて神々を祭る座敷の床の間とか、神棚や、カドとよばれる母屋の前庭などは、家のなかの「晴れ」の部分であり、そこで祭られる神々は家族員個々の「ワタクシ」を統轄し、家の外のより大きな共同体に帰属するという点で、家の「オオヤケ」的側面を代表している。これに対して台所のカマドやイロリ、納戸のすみや便所などにひっそり祀られている精霊的な神々は、すでにのべたとおり、家族員個々の「ワタクシ」と、その家の日常の生活そのもののなかで、いつも直接の対応関係をもっているところから、これらは家の生活のもつ「褻」の部分、したがって「ワタクシゴト」の側面を代表している。この神々が住みついている場所は、座敷などとちがって家のなかではもっとも外から隠れた部分であり、その家の「褻」の部分をなしている。

そして、江戸時代以来、次第に力をもちはじめた貨幣経済は、上記の「オオヤケ」と「ワタクシ」の二側面のうち、つねに「晴れ」を意味する前者の部面から、はじめは村落生活、やがては村内各戸の生活のなかに力を及ぼしはじめた。岩手県の盛岡在の村々では、明治三十八年(一九〇五)に専売制が施行される以前、おなじ県の太平洋岸の塩浜からやってくる商人たちから塩を手に入れていた。そうした塩商人たちは、行く先々の部落に塩宿とよぶ家をもち、それにはたいてい村の旧家がなっていた。村の人たちには、この塩宿から次はなん日に塩荷が来るから用意しておくようにと伝えてもらい、当日になると、村人は用意の穀物をもって塩宿に集り、塩を入手したという(『山村生活の研究』柳田国男)。塩宿は村の代表者として渉外の窓口になり、外からやって来る塩商人とのあいだには、貨幣による取引きもなされたが、塩宿と村内の家々とのあいだには、物々交換の自然経済が残っていた。貨幣経済は、はじめはこのような状態から、だんだんと村内の生活に浸透した。

長崎県の壱岐の島で請鍛治《うけ》とよばれたものは、村々と特約して巡回する鍛冶屋のことで、農具や漁具の製作と修理にあたり、村では一戸あたり米なら三升、麦なら四～五升ずつ拠出するさだめになっていた。熊本県の球磨《くま》郡の山村で請鍛冶とか雇鍛冶とよんでいたのもおなじで、二年から三年に一度、旧暦の三月に村で鍛冶屋をよび、観音堂のそばに小屋を建てて仕事場にしてやり、食事は村持ち、材料のハガネは鍛冶屋が用意して一工いくらといって代金を計算し、まとめて支払った。仕事は村でクジを引いて一軒一日ずつ順番に頼み、一巡したあとは注文の多い家から順にし、二人以上の鍛冶屋が仕事をさせてほしいと申しこんできたときは、村のものが集って選挙し、どちらか一人にきめて契約したという（前掲書）。

これらの事例は、かつて村落に住んだ人たちが、素朴な生活水準にとどまったまま、塩や鉄製品など必需品でありながら村で自給できない品を村外から入手しようとするとき、個々ばらばらに村外と交渉をもつのではなく、つねに村としてのまとまりを維持し、共同してことに当ったことを物語っている。このように貨幣の使用はあっても、主として村外者との交易にだけ使われ、村落の内部では自給自足と物々交換にもとづく自然経済の体制がたてまえとして維持されているあいだは、村落の共同、したがって村の「オオヤケゴト」と、その成員である村内各家の「ワタクシゴト」、さらには各家における家族の共同と家族員個々の「ワタクシ」とは、一定の均衡をもってたがいに相手を侵すことなく、共存していた。すでにのべたとおり、陰暦十月の神無月にも出雲に出張しないような、家のなかの「ワタクシ」の神々は、村の「オオヤケ」の神にくらべればー段と神霊としての位次は低く、神霊になりきれない精霊的性格を濃くとどめ、ともすれば「オオヤケ」の神々の威光の前に隠れて存在してきた。前にも書いたようにこの神々の住みついている場所は、台所のように表からみえにくい、その家の「褻」の部分である。けれども、人々の日常は表立った「晴れ」の場だけではない。「オオヤケ」と「ワタクシ」、聖なる日と場所、そうでない日と場所にもとづく「晴れ」と「褻」の生活のリズムは確実に保持され、そのけじめづけは乱されることはなかった。「ワタクシ」の霊的性能は禁忌という共同の信仰、村の「オオヤケ」の信仰によって支持され、その霊力は人々の心のなかで無視できない力をもっていた。

このような村落生活の内部に貨幣経済が浸透してくるということは、なによりも村内の家々が村としてのまとまりを解き、ばらばらに村外と交渉をもつことであった。村の外へ個人的に買出しにでかける程度ならばまだしも、行商人とか仲買人たちが個々の農家の庭先までやってきて、そのときの相場でさまざまな取引きがはじまる。必然的に個々の家庭では、日常の「褻」の部分、消費生活の面でかえって旧来の自給体制を強化し、それによって貨幣経済の重圧から自らを守ろうとした。また、それを新たな要因として、村落的規模での共同が精神や信仰の面で重視され、村の神祭とか相互扶助などが、一定の危機感をもって強調されるようになった。貨幣経済の浸透とは自然経済にもとづく諸共同体の解体を意味したが、そうした事態に対する「ワタクシ」の拒絶反応とは上記の構造をもっており、それは、近代になって貨幣経済と商品生産の原則が村落生活だけでなく、その成員である個々の家族生活の内部まで及び、家族員個々の「ワタクシ」と直接に対峙しはじめると、すでにのべたように、母子心中をはじめ、しばしば無益な、ときに絶望的な暴発として現われることさえ珍しくなくなった。

水仕事の今昔

ともあれ、近年まで庶民の家の台所のナガシ、とくに農家のそれが汁の実や漬物をきざむだけの、簡素な木製品であったことの理由のひとつとして、これまで述べたような自給体制にもとづき、普段はなるべくお金を使わないよう、自家栽培の野菜と手作りの調味料ですまそうとした貧困な食生活があげられる。それは掛値なしに貧乏であったからだけでなく、いわゆる「ワタクシ」の前論理的な拒絶反応の発現として、「分不相応」であるとか、「罰が当る」などといったさまざまな理屈にならない理屈をならべ、「褻」の日の「褻」のことには意地ずくでもお金を使わないといってよいような一種のコンプレックスに支えられた、禁忌としかいいようのないもので自己を抑制し、呪縛したような貧弱な食生活であったが、そのこととならび、そこにはもうひとつ飲料水の問題があった。

現在ではどのような辺鄙な村でも、たいてい簡易水道の設備があって、蛇口をひねるだけで必要な水をナガシで使えるようになっている。これに対して水道以前の飲料水は、井戸にたよる以外になかったが、その井戸はほとんど戸外にあり、それも共同井戸の場合が多かった。家のなかにある井戸は、とくに内井戸とよんで特別あつかいした。よほどの有力者の屋敷か、寺院の庫裡のような場所でなければ、内井戸をみることはできなかった。井戸はただ掘ればよいというものではない。地下の水脈をあらかじめ予測できる専門知識も必要であるし、掘ったあと、崩れないように石を積み、側壁を固めなければならない。これらは黒鍬とか下財などとよばれた専門職人の仕事で、これを個人で雇うのは、簡単にできることではなかった。また、内井戸をもつためには、家を建てる前にあらかじめ掘っておけば少しは手順もよいかもしれないが、家を建てたあとに台所に井戸を掘るのは大仕事であり、どちらにしても相当以上の敷地をもつ広い台所でなければ不可能なことである。とても水道の鉛管を埋設するようなわけにはゆかない。

都会であっても村落であっても、庶民たちは戸外の井戸、それもたいてい数戸以上で共用する井戸に依存してきた。現在われわれが井戸とよんでいるものを、昔は掘井戸という人が多かった。その人たちの間では、井戸とは掘らない井戸で、湧き水のあるところ、地下水の露頭部を少し削り、掘りくぼめた程度のものをさしていた。井戸のイは旧仮名づかいでは井（wi）であり、堰（井）のことである。堰とはダムで流れをせきとめた場所をさし、家の近くの小川につくった洗い場を、井（イ）ドバタとよんでいる地方も多い。井戸端は掘井戸の周囲に限らなかったわけである。このほか、井戸をイケとよぶ地方もあるが、イケとはイケル（埋める）という言葉と関係があって、もとは「ためる」という意味で、流れをせきとめて水を溜めたところもイケであり、井戸であった。そして、井戸をイケとよぶ地方では池のことをユツとよんで区別しているし、井戸をカワとよんでいる地方もあるが、そこでは川のほうをカワラ（川原）とよんで両者を区別している。

このような方言からみても、掘井戸以前の井戸はもっぱら戸外の小川をせきとめたにすぎないものが多く、それでなければ横井戸などとよび、山脚部の地下水の露頭部を掘り拡げた程度の、自然の湧水に依存していたことが知られる。そして、後に掘井戸が普及しても、庶民の間ではたいてい戸外の共同井戸であった。

この章の扉写真は、昭和三十九年の夏、鹿児島県下の麓集落でみかけた水汲み風景である。先にものべたように、鹿児島の島津藩では外城制とよび、村落に在住したまま農業に従事する郷士を数多く擁し、近世三百年を通じて兵農分離と武士の城下町集住を推進した諸藩とは事情を異にしたが、郷士たちは村落部で「麓」とよぶ特別の集落をつくって集住し、「在」とか「浦」とよばれた周辺の農・漁民の集落や、町人・職人の住む町場を支配した。扉写真の背後にみえる石垣と石段は、そうした郷士たちの屋敷にふさわしい、りっ

鹿児島県の麓集落、馬場の水汲み場。

ぱな構えをみせている。ここの麓の集落は馬場とよんでいる幅員約五メートル、長さ六〇～七〇メートルの平坦な道路の両側に、一段と高く、石垣をいかめしく築き上げた屋敷が並んでいたが、その馬場の中ほどに、上の写真のように湧き水を汲むところがあり、麓の各家の飲料水は、すべてここまで汲みに出るようになっていた。

一般農家や村落部の郷士屋敷だけでなく、城下町のれっきとした武家屋敷でも、とくに下級武士の集住した区域には、飲料水を戸外の小流に依存した時代の施設が残っているところがあり、長崎県島原市の下ノ丁(現・下の丁)や、山形県米沢市通町などがその例である。米沢の通町では、きれいに刈込まれたうこぎの生垣の下の側溝には、今でも美しい水が流れている。島原では上新丁、下新丁、中ノ丁（現・城西中の丁）、下ノ丁（現・下の丁）、古丁、江戸丁などが鉄砲丁と総称された下級武士の屋敷町で、いずれも道路の中央に用水が流れていたが、家ごとに井戸が掘られ、上水道が敷設されて次第に無用の長物となり、自動車の通行の邪魔になるといって次々と埋立てられ、ようやく下ノ丁だけに残っていた。それが昭和三十九年に城址の天守閣復元完了を機会に下ノ丁だけは昔の姿をとどめようということになり、新たに水源を確保し、涸れたまま放置されていた道路中央の水路に澄んだ水が流れるようになり、昔の景観が復元されたという。

いずれにしても、飲料水をはじめ家事用の水を戸外の井戸や湧き水、小川などに依存していたあいだは、毎日の水汲みの労力はまことに大きいものがあった。昔の人たちが洗濯はもちろん、炊事の用意や食事の跡始末にともなう水仕事を、なるべく家のなかでしないようにしたのは当然であった。先に紹介した杉本鉞子女史の『武士の娘』によると、渡米の第一印象のなかに、当時のアメリカ人の家庭ではお湯と石鹸をふんだんに使って食器洗いをしていることがあげられ、日本の家庭ではアメリカ人のように脂っこいものを食べないから、食器は水洗いで十分で、魚を食べたときだけ、お皿を灰で洗うと記されている。こうしたことは、われわれの家庭ではつい最近までみられたが、その水洗いでさえ、内井戸がなければ戸外の井戸端まで食器を持出して洗ったもので、台所のナガシはもともと食器洗いの設備でなく、ほんとうに汁の実や漬物をきざむだけであった。野菜洗いや魚の料理など、水をたくさん必要とする仕事は、すべて戸外の井戸端でするのが通例になっていたといってよい。

現在では、箸箱を使う家庭もだんだん少なくなってきた。身近の学生諸君にたずねてみると、箸箱というもののあることを知っているが、家では使っていないという返事がほとんどである。おそらく、もう少したったら、箱膳が忘れられたのと同じように、箸は使っても箸箱を知らない人がふえはじめるだろう。近年になって箸箱を使わない家が急増したのは、食生活がいちだんと向上し、脂っこいものを多く摂取するようになったからである。箸箱というのは食事のあと、茶碗に注いだ湯茶で箸をゆすぎ、そのまま納めておくものであるが、脂っ気の多い洋食系の食事のあとでは、箸も他の食器とおなじように洗剤で洗わねばならず、自然に各自が箸箱を持ち、食事のあとに箸を湯茶でゆすぐだけで箸箱に納めるという風習が、消えはじめたものと考えられる。そして、昔、箱膳を使った時代には、箸を箸箱にしまうのと同じように、食事のあと、各自が使用した茶碗や小皿の類を湯茶でゆすぎ、湯茶は飲みほし、茶碗や小皿はそのままめいめいの箱膳のなかに納めた。これらは箸とおなじように、食事のたびに水洗いするものではなく、たいていは月の一日と十五日、あるいは月の終りの二十八日といった定まった日に全部を井戸端に運び、お膳や擂鉢《すりばち》をはじめ、鍋や釜といっしょにまとめて水洗いした。

それが大正のころから、最初は都市の中産階級あたりから生活水準の向上が家庭での日常の食生活の向上となって現われはじめ、洋風というほどでなくても生魚を食べる機会が多くなり、やがて肉類もこれに加わるようになった。これと並行して、ちゃぶ台という洋風をまねた食卓を囲み、一家そろって食事をするようになると、すでに述べたように個人用の食器ということにあまりこだわらず、家族のあいだで大型の洋食用の皿類から食器を共用することがはじまり、台所の改善もそれなりに進行して水の便もよくなった結果、まず箱膳の類が姿を消しはじめた。そして、箸と箸箱の使用法だけは、どこの家庭でも近いころまで昔の習慣が残されていたが、近年になって食生活の向上というか、近代化がいちだんと進むにつれ、箸箱もまた、かつての箱膳とおなじように次第に過去のものになりはじめたわけである。

台所と食生活の改善

今ではすっかり忘れられているが、愛知県でヒノキガエといい、長野県でアライオキなどといったのは、食事のたびに食器を洗わなかった時代に、祭りの日とか定まった節日の前に家中の食器をまとめ、井戸端に運んで水洗いすることで、こういう言葉があるほど、むかしは普段の日に食器を洗わなかった。このことは、茶の湯の作法のなかでの茶碗の跡始末のしかたからみても推測できるが、こうした習慣は、台所のナガシがどの家庭でも簡素な木製で、粗末なものであったことと表裏の関係にある。それは、かつて庶民の家庭で

福井県三方郡三方町（現・三方上中郡若狭町）神子の
共同井戸。

は、食事のたびに食器を洗う必要のないほど脂っ気のない貧弱な食事しかしなかったということと、もうひとつ、食器を洗うための水がたいてい台所から離れた戸外にあり、そこからいちいち水を運び、台所のナガシで洗っていては、そのための水汲みがたいへんな負担になったということにもとづいている。

そして、台所と井戸の関係が以上のようなものであると、家ごとの食生活は、隣近所、たがいにつつぬけであった。写真のような戸外の共同の井戸端で、普段の日に魚を買って料理していたり、跡始末していたら、すぐにそれと知られてしまう。逆に盆・正月や、祭りの日に御馳走をつくらなければ、これもまた村中の噂になったはずである。人に遅れをとらず、あるいは後指をさされないようにと気をつかい、向上心をもつものにとっては、これは我慢のできないことであり、なんとしてでも抜け出たいことである。けれども、皆がおなじように低い生活水準に甘んじ、平素は味噌汁と漬物だけですますような粗末な食生活がつづいているあいだは、共同の井戸端は主婦たちにとって有難いものであった。女房の針箱をのぞく亭主や、嫁にシャモジを渡そうとしない姑たちを槍玉にあげ、つねに村や家のなかで力弱いものの側に立ってその「ワタクシ」を援護し、声援する村の世論は、しばしばこうした井戸端での仕事の合間につくりだされたからである。

井戸端会議とか村の共同体というとき、それと敵対的な近代的自我の立場からだけものを考えやすいわれわれは、たがいに村のうちで足をひっぱりあい、個人の自由を抑圧する共同体規制の面だけに視点をあわせがちである。しかし繰りかえし述べてきたように、近代的自我だけがわれわれの自意識のすべてではない。平素は意識下に潜在している伝統的な「ワタクシ」の情念は、人間ひとりの根元的な存在にかかわる共同の信仰に支えられ、共同体のなかでのみ安住の地を得てきた久しい前史をもっている。民間に残留する伝統的な生活習俗や、信仰伝承を研究対象にする民俗学に対して、一般の歴史学の側からなされる要望のなかには、近代以前の社会における共同体について、これを家とか同族、ないしは地縁村落といったさまざまな共同体の規制力としてとらえ、その具体例を求めることに偏している場合が多い。しかし、共同体とは人の生活の外にあって、外部からの規制力としてのみ働くものではない。むしろ共同体成員個々の「ワタクシ」のなかにひそむものとして考える必要がある。

明治以後の近代化の過程でなしとげられた庶民たちの生活水準の向上は、村落にあってもいちじるしいものがあった。宮本常一氏によると、新潟県東頸城《くびき》郡の記録では、明治の初年までこの地方の農家は六割までが床の部分のない土間だけの住居で、土間にワラやムシロを敷いて起居していた。それが大正には約一割に減少し、昭和の初年になって姿を消したという（岩波講座『日本歴史』別巻二）。いっぽう、瀬川清子氏は、その著『食生活の歴史』のなかで、大正六年（一九一七）十一月に内務省衛生局の保健衛生調査室のおこなった全国主食物調査の結果を、表にしてまとめていられる。この調査のなされた翌年の夏には、史上有名な米騒動が勃発しているが、調査地域を市部、市街地郡部、村落部の三者に分類すると、市部（都会地）では日常の主食はだいたい米飯が中心になっているのに対し、市街地郡部では米に麦や甘薯などを混炊する率が増え、村落部になると、ほとんど麦をはじめとする雑穀や、甘薯、馬鈴薯、大根などの蔬菜類との混炊が中心になっている。

この当時は、農業や漁業、山林業に従事する村落部の人口は、総人口の半分以上もあった。その人たちが食べた麦以外の雑穀には粟や稗などがあり、蔬菜類を混炊するカテ飯のほか、屑米を臼で粉にして団子やスイトンにすることもあり、芋粥のほかに茶粥など地方的特色のみられるものがあるが、こういう食糧事情は、村落では大勢として第二次大戦後の混乱を離脱する時期までつづいた。とすると、明治以後になされた庶民たちの生活水準の向上というのは、それが住居のうえに現われたのと、食生活のうえに現われたのとで、時期的にかなりの差があり、それに使われた金額にも相当な開きがあったことになる。

私たちの父祖は、明治以後、生計に少しでも余裕ができると、住む家の改造に着手した。そのやりかたは、すべての人が土間だけの家から床の部分のある家に住む方向に進んだけれども、その間に、猫も杓子もまるで申し合せたように座敷を建て、台所の改善、近代化をあとまわしにしてきた。家のなかで、座敷という表向きの「晴れ」の部分を優先し、台所のようなうちうちの「褻」の部分、日常の食生活の改善と表裏の関係にある部分の改良をあとまわしにしてきた。

精白した米の御飯を常食しないで、カテ飯などとよぶ大根や薯類との混炊、味噌汁に屑米の団子をいれたスイトンの類を食べていれば、忙しいのにわざわざ副食をつくる必要もない。こうした貧弱な食生活であるかぎり、台所にはカマドと簡単なナガシ以外の設備は不要である。明治以後、上水道と都市ガス、さらにプロパンガスが庶民の家庭に普及するまでになされた台所の改善と食生活の近代化といえば、コンロ、カンテキの類と、せいぜいフライパンの普及にとどまる。コンロはシチリン（七輪・七厘）ともよばれるが、これはものを煮るのに価が七厘ほどの木炭でまにあうというキャッチフレーズが品物の名に転化したものといわれ、こういう名前の由来からみても、これが普及しはじめた時代がわかる。

コンロやカンテキ、シチリンの類は、亀の子ダワシとならんで、明治時代の台所用品のニューフェースであった。家の改造が進み、立派な座敷が建てられても、台所の新用品がながいあいだこの程度にとどまっていたところに、明治以後の庶民の生活史のもっとも大きな特色があり、その歪みというべきものが認められる。木炭が暖房用と炊事用の燃料として庶民の家庭で使われだしたのは、明治も中期以降のことである。山間の村を歩くと、このころから農商務省が山村の副業として炭焼きを奨励し、その技術の普及をはかった話を聞く。以前は、木炭は民間ではほとんど伝統的手法による製鉄、鋳鉄用の燃料で、一般家庭ではカマドやイロリで焚く柴や薪が、暖房用と炊事用の燃料であった。木炭の生産が全国の山村ではじまり、比較的安価に供給されるようになってコンロ、シチリンの類が台所に姿を現わし、それによって鍋や魚焼き網のほかにフライパンなどを使い、日常の副食物が都市住民のあいだから、少しずつ品数を増しはじめたわけである。台所の改善と食生活近代化の足どりは、まことに遅々としたものであった。このことは、座敷の建築による経済的負担と、けっして無関係ではない。

大正から昭和のはじめに出現した新しい板の間形式の近代的な台所を、地方では東京台所とか東《あずま》炊事とよんでめずらしがった。板の間の台所であると、カマドはもちろん、コンロを使うにしても火の用心が悪い。炊事用の水を井戸に依存しているあいだは、内井戸にしても水仕事は土間の台所のほうが便利である。まして外井戸の場合、水汲みのたびに板の間の台所から戸外に出るのはたいへんである。板の間形式の台所が、上水道と都市ガスの早く普及した東京のような大都会の住宅地で、それも昔からの仕きたりにこだわらない知識人たちの家庭にはじまったのも当然であった。それが農・山村まで普及しはじめたのはつい近年のことで、そのためには部落単位の簡易水道の開設と、プロパンガスの出現を待たねばならなかった。

だから、台所の改善とか食生活の近代化というのは、個々の家庭での頭の切り換えもさることながら、社会資本の充実というか、国全体の経済的発展が正常なバランスをもってなされなければ不可能な点が多い。けれども、そのようなことにはあまり心を使わず、住居の改造といえばもっぱら座敷の改築や増築のほうに興味と関心をそそぎ、台所の改善をあとまわしにしてきた明治以後の父祖たちの心のもちかたは、生活の「褻」の部分だけでも頑固に昔の姿を守ろうとする「ワタクシ」の拒絶反応が、めまぐるしい近代の激動のなかでいちだんと病的な傾向に進み、その結果、「晴れ」と「褻」の本来の均衡が失われても不思議に思わなくなったことの現われではなかろうか。近代というものは、なにかこの種の麻痺感覚をもっており、このことは、明治になって母子心中の数が急に増えはじめたという先にのべた事実などとならび、ひとつの社会的風潮として、吟味する必要があると思う。

座敷の由来

明治の父祖たちが、だれしも自分の家にもちたいと願った座敷は、来客をもてなす場所である。そこは居間や台所、寝間、納戸など日常起居の場とちがい、接客という「晴れ」の場であるから、座敷を構えたら、ことはそれだけですまない。客用の座蒲団、茶器、菓子器、煙草盆から火鉢、膳椀の類をはじめ、座敷飾りのための花器、香炉から書画骨董にいたるまで、普段に使わぬものに金をかけ、別に用意しなければならない。これだけでも経済的に大きな負担になるし、座敷があるばかりに、家族の日常起居の場は日当りにしても、風通しの点でも、庭の景色も、いちばん条件のよいところを座敷にゆずり、家族の私

炉端の横座（ヨコザ）。

生活は家のすみでひっそりとされるようになる。現在でこそ家族団欒の場である食堂兼台所《ダイニング・キッチン》や、居間を中心とする間取りが新しく建築される家の大部分になったけれども、家のなかで座敷をいちばん大切なところにするという不合理は、つい最近まで行なわれてきた。

どうしてこのような風潮が主流になってしまったのか、その由来は、きのう、きょうのことではないだろう。伝統的な農家の板の間のイロリ端での接客方式は、座敷のそれと本質的にちがっている。座敷では床の間の前に敷いた畳を貴人畳とよび、正客は床柱を背にして坐るものとされ、列座する客の相互のあいだにもやかましい序列があり、家の主人は末座から応対する。これに対して炉端の場合は、家の主人はよほどのことがない限り、ヨコザなどとよばれる炉端の正座、家長の席とされるものを客に譲ることはしない。

二三七頁の写真はヨコザの一例であるが、ヨコザは炉端の土間からいちばん遠い側で、そこに坐るとたいてい神棚を背にすることになる。ヨコザの隣の戸口から遠いほうの側、したがって台所に近いほうをカカザ（嬶座）などとよんで主婦の座とし、カカザの対面、ヨコザの隣で戸口に近い側はキャクザ（客座）とよばれる。ここはその名のとおり客人の席で、平素は家長夫婦以外の家族の坐るところであり、ヨコザの対面、したがって土間にいちばん近い側はキジリ（木尻）などとよばれ、末席になっている。こうした炉端の座席はきわめて厳重に守られ、とくにヨコザとカカザは家長と主婦の座として、日常生活における家族生活の焦点になっていた。たとえ親でも、いったん隠居して家長や主婦の座を息子夫婦に譲れば、そのときからヨコザ、カカザに坐らぬものとした。

実際に、イロリの端でヨコザとよばれるところに坐ってみると、炉端はもちろん、勝手とか台所の土間から厩まで、日常に家族員が起居し、家内作業をする場所をひとめで見回すことができ、家族の動静を掌握する家長の座として、まことにふさわしいことが良くわかる。またヨコザの隣のカカザは、食事どきに主婦がシャモジをもって坐り、家族たちに食物を分配してやる場所である。図3は『民俗学辞典』の「食事」の項に例示されている炉端で食事するときの家族の座席の一例で、これをみるだけでも、カカザに坐る主婦の地位の重さが知られる。

こういう形に坐るには、もちろんちゃぶ台ではなく、各自が個人用の膳を使うわけであるが、そのかなめに当る場所が、主婦の坐るカカザであった。すでに述べたとおり、食事どきには家族全員がそろって同じ釜の御飯を食べるということは、家族のすべてが一心同体となって乏しきをわかちあい、ともに生きるというこ

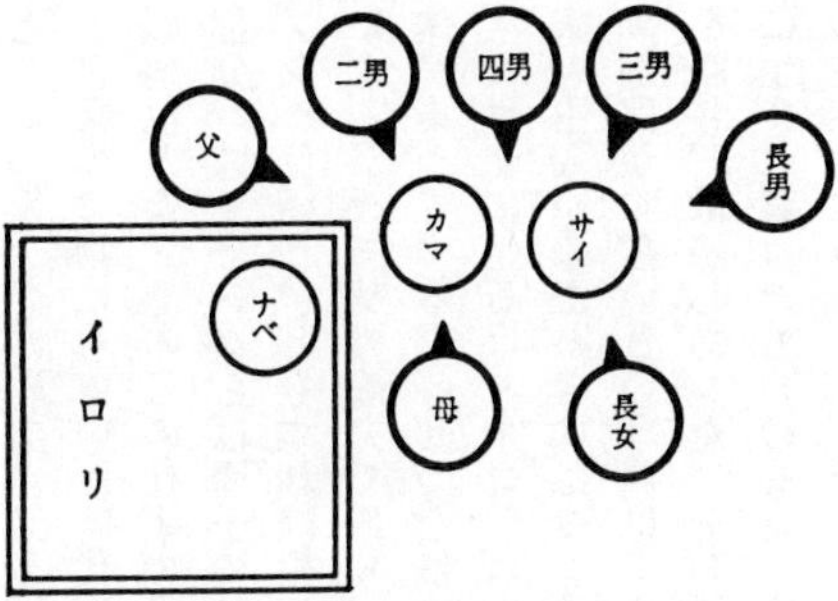

図3　炉端での食事の座席。

とであった。だが一方、米麦の混炊やら蔬菜類をまぜたカテ飯を常食とし、スイトンなどを日常の食物にしていた時代に、おなじ一椀の御飯や汁でも、盛りつける相手の家族内での地位とか、その日の仕事の量や質に応じ、御飯のばあいはお米の多い部分とそうでない部分、スイトンならば団子の量を微妙に加減し、家族全体の共同と、家族員個々の「ワタクシ」という、ともすれば相互に反発しあうもののバランスを巧みにとるのが、主婦の手にするシャモジの威力であり、その気働きであった。カカザもまた、食事という家族員全体が集ってするたいせつな儀式、オーケストラの指揮者の台であったわけである。

「ヨコザに坐るは、ネコ、ばか、坊主」などという諺がある。檀那寺の住職とか、一族本家の主人が来たときにはヨコザを譲る作法があったが、それ以外にヨコザに坐るのは、ネコかばかぐらいというわけである。通常の来客はヨコザの脇の客座に坐らせ、そこで用件を語り、歓談しあった。その場には座敷での接客のような堅苦しいものはなく、おなじ村に生まれ育ったものの心安い応対で、2DKとか3LDKなどとよばれる現代の都市近郊の住宅地にみられる、新しい住居の居間でなされる主客の応対以上に、格式ばらないものである。そして、先にカドとよばれる農家の母屋の前庭が、機能的にみて古代貴族の住宅である寝殿造りの南庭に似ていることを記したが、それとおなじように、農家の炉端での主客の応対は、座敷の成立以前という意味で、古代の住宅でのそれに直接つながると説かれている（今和次郎「住居の変遷」『日本民俗大系』第六巻）。

座敷というのは、その名のとおり座を敷きつめたところということで、座とは人の坐る場所であり、そのための敷物、したがって畳のことである。畳というのは使わないときはたたんでおくから畳というので、座敷が出現する以前は家の床の部分はすべて板の間であり、板敷であった。このことは、農家の炉端も古代貴族の寝殿もおなじで、寝殿の内部はすべて板の間であり、人の起居するところにだけ、一人分ずつ座を敷くようになっていた。そして、お寺の本堂が内陣《ないじん》と外陣《げじん》とよぶ二つの部分からなっているのと同じように、寝殿の内部も身舎《もや》と廂《ひさし》とよぶ二部分からなり、家長はお寺の内陣に相当する中央の身舎に起居し、他の家族員たちは外陣にあたる廂にあって、『源氏物語絵巻』などにみられるように、障子とか几帳などで小さく間仕切りしていた。

寝殿内部の間仕切りのプランとしてもっとも発達した姿をしている例は、京都御所の清涼殿で実際にみることができる。ここでは、身舎の部分に南北五間、東西二間の昼の御座と、その北に扉を開けて入る夜の御座が設けられ、その北に中宮、女御、更衣の伺候する局《つぼね》の間が三つある。そして南廂は殿上《てんじょう》とよばれ、いわゆる殿上人が伺候して会議などをし、彼らは東の広廂のほうに回り、そこから身舎のなかの天皇に拝謁した。これに対して西廂は、御手水間、朝餉間《あさがれいのま》、台盤所、鬼間《おにのま》などの付属的な小部屋に仕切られている。南と東の廂が天皇の日常の公的側面であるとすれば、西と北とはその私的側面とみることができる。

清涼殿における天皇と公卿、殿上人たちとの関係は、寺の本堂の内陣に安置されている仏像に対し、参詣人が外陣から拝むのに似ている。おなじ殿舎のなかでも身舎の部分は廂の部分から隔絶し、区画され、結界された聖なる空間とみることができる。このことは規模の大小はあれ、一般貴族の住宅でもおなじであったろう。『日本書紀』崇神天皇六年条には、それまで天照大神と倭大国魂《やまとおおくにたま》の二神を「天皇の大殿《みあらか》の内《うち》」に奉祀していたのを、「神の勢《いきおい》」を畏れ、豊鍬入姫命《とよすきいりひめのみこと》につけて倭《やまと》の笠縫邑《かさぬいのむら》に祀らしめたという伊勢神宮の創祀に関する有名な伝承が記されている。古代貴族たちのあいだでは、家のすみに潜む精霊的な神や妖怪の類は別として、一般的な神霊と同居共住するという信仰は早く克服されていた。だが、彼らの寝殿の身舎の部分は、家の司祭者であるところの家長が日常起居すると同時に、家の祭りの日にはそこに神を迎えて祭る場所として、日ごろから神聖さを保持するように心がけられた。清涼殿の身舎が神聖視されたのも、そこが神の子であり、最高の司祭者である天皇の居所だからである。

褻《け》居《い》と客間の仕切り

仏事法会についても、普段から屋敷の母屋の一部に常置してある仏壇の前で仏事を修することがはじまったのは、後世のことである。古く貴族たちは、邸内の持仏堂に仏像や仏具を安置し、『延喜式』によると、朝廷ではこれらを図書寮で保管する定めになっていた。そして法会の当日になると、それらを寝殿の身舎や内裏の諸堂の身舎に運んで飾りつけ、そこへ僧侶を請じて読経してもらい、一同は廂の間に坐って礼拝した。当時の説話類によると、地方の豪族、有力者たちのあいだでも、規模が小さいだけで、事情はおなじであった。社寺の建築と住宅建築のあいだには後世のようなはっきりした区別がなく、まるで神社の本殿やお寺の本堂を建てるようなつもりで住宅を建て、住まわれていた。貴族や地方の有力者たちがしばしばその住居を浄捨して仏寺にしたのも、もともとそれにふさわしい形で建てられ、住まわれていたからである。

それゆえ、こういう住居様式のもとでなされた接客が、後世の座敷での接客と質を異にしたのは当然であった。当時の人の日常的な交際といえば、氏族の名でよばれる封鎖的な身内共同体内部でのものがほとんどであったし、それ以外といっても、主だった人たちはおなじクラスの律令官人などという、一定範囲の仲間や同輩のそれに尽きていた。そうしたもの同士の交遊は、いわゆる接客の名に値しないといってよいだろう。それは、家長の座であり、その家の正座であるヨコザをめったなことでは客に譲らないという農家の炉端での応対と、原理的に大きな違いはない。そして、一族本家の主人や檀那寺の住職などが訪ねてきたとき、ヨコザを譲るという作法が一部に伝えられているが、おなじことは、古代貴族たちのあいだでも行なわれた。古く賓客を意味したまろうどという言葉は、まれびとの転訛したものというが、そうしたまれびとの名にふさわしい本当の賓客を迎えるときは、家長は寝殿の身舎を賓客に譲り、その前に拝跪した。そのもっとも顕著な例は、藤原摂関家の邸宅が里内裏となり、その寝殿に天皇を迎えたときなどである。これ以外に尊貴の客を迎える方法は、別に邸内の一部に臨時の客舎を設け、その正座に客を迎えて奉仕する形であった。

寝殿の身舎も、農家の炉端のヨコザも、その家の神を祭るものの坐る聖なる空間であり、場所であった。容易に余人に譲れない理由はここにあり、この場に坐るものは、おのずとその家の家長として、司祭者としての威厳を身につけた。場所はしばしば人を支配し、影響をあたえる。おなじことはカカザの主婦についてもいえるだろう。炉端の座席は、家のなかの聖なる場所として、古代以来の伝統を濃くとどめているといえる。

ところで、古代社会の解体のなかから新たに出現した封建体制は、悠久の太古に遡る神々の物語に支えられた氏姓社会のそれとは本質的にちがっていたし、律令的な位階とも類を異にしていた。封建的支配者層が相互に結びあっていた主従の関係とか、それを基軸にする同輩相互間の絆は、神話によって保証されない御恩と奉公というこの世における契約であるだけに、年間の恒例、臨時の行事のたびに盃をかわし、意識的に企画され、演出されたといってよい各種の儀礼や儀式によって、その契約をつねに固めあい、確認しあう必要があった。そして、座敷はこのような儀式や儀礼を行う場所として成立し、発展した。

社会全般に封建的関係が成長し、浸透するにつれ、名簿《みょうぶ》を捧げて従者になったものが、つねに主とたのむものの膝下に伺候するのは当然として、同輩相互に往来しあうばかりか、主たるものがしばしば配下のもとに赴き、主従の関係を固めあう風が一般化した。室町将軍がたびたび有力守護大名の居館を訪れたことに関し、とくに彼らが出遊を好んだとか、旅館の施設が不十分であったということ以上に、こうした訪問がもともと部下のものから伺候するお目見え、見参とならぶ主従の誓約の一方法であったことにもとづくと説かれている。この風は江戸時代にも継承され、諸大名が江戸に構えていた屋敷のうち、とくに上屋敷とよばれたものは、お成りとよばれた将軍の来臨や、その代理者の来訪を迎えることを最高の眼目にして結構されていた。

だから、封建的秩序が成長するにつれ、官衙とか役所といった場所でなく、社会の上層支配者たちの私邸に粗略なあつかいのできない客人の往来が頻繁となり、それまでの臨時の客舎では間に合わなくなって、彼ら支配者たちは邸内に常設の客殿を用意しなければならなくなった。そして、この間に進展した建築技術の向上と普及が、大きな棟木や柱の利用を容易にしはじめると、常設の客殿は主屋のなかに造りそえられ、寝殿造りのように家長の日常起居の場ではなく、接客の場である客殿が住居全体のなかでいちばん大きな比重を占めることになった。武士はただ一人で武士ということはない。つねに主と仰ぐものをもち、同輩や部下をもって特定の武士団に所属し、そのような戦闘的権力機構の一員であることによってのみ武士である。この一事をみるだけでも、武士をはじめとする封建社会の支配者たちの住宅が、なによりも客殿や客間を中心につくられ、そこで儀式ばった「晴れ」の接客を行なうことを主眼にして建てられるようになったのは、自然のなりゆきといえるだろう。彼らの住居では、古代以来の神を祭る聖なる場所を中心とする日常起居の部分が、次第に表からみえない背後に隠れ、そこが家のなかの「褻」の部分を構成するということになった。

たとえば、鎌倉時代の説話集である『沙石集』（巻一の第三話）には、安芸守源頼康の子で、文治六年（一一九〇）に三井寺（園城寺）の長吏になった公顕僧正のもとに、これも藤原通憲（信西入道）の子で、高野山にあった明遍僧都が善阿弥陀仏という遁世聖《ひじり》を遣わしたところ、公顕僧正は、

「高野聖《ひじり》ト聞テ、ナツカシク思ハレケルニヤ、額突《ひたいつき》シタル家居ニ呼ビ入テ、高野ノ事、又、後世ノ物語ナド、夜スガラセラレケリ。」

とある。家居とは褻居《けい》のことであり、晴れの対面、表立った接客をおこなう部分に対して、プライベート・コーナーともいうべき、くつろいだ日常生活の部分である。額突《ひたいつき》というのは、額を打つほど低い出入り口のことで、火灯口《かとうぐち》とよんで、茶室で水屋とのあいだの壁に設けられた上部をアーチ型にした背の低い出入り口に似たもの、その原型というべきもの

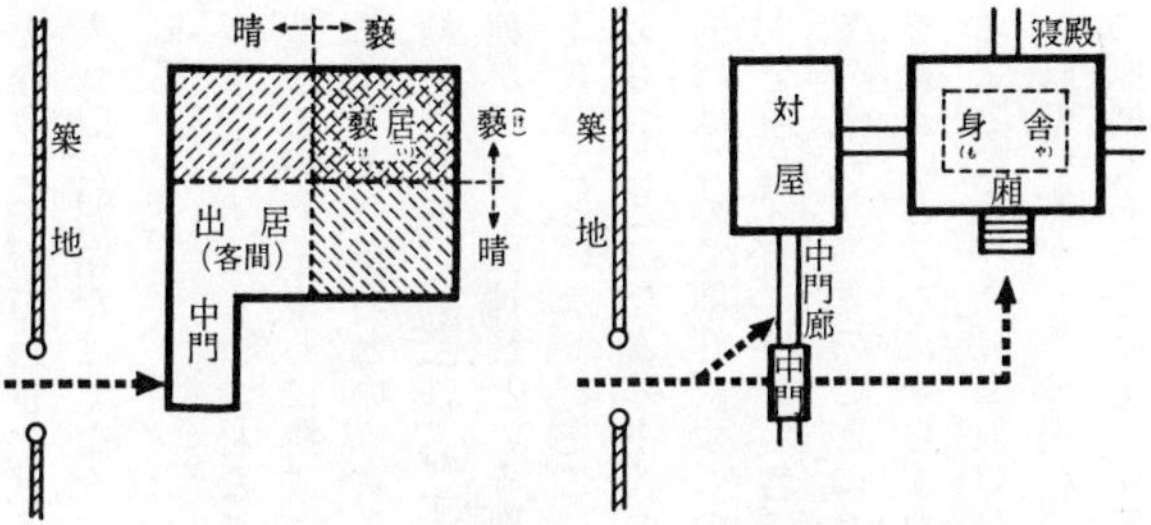

図4　主殿造り（左）と寝殿造り（右）内部の空間構成模式図
（井上充夫氏『日本建築の空間』による）

と考えられている。

こういう表現をみると、鎌倉時代には貴族出身の身分の高い僧侶の住房でも、表立った接客構えの部分と、褻居とよばれる日常生活の部分があって、その間には厳重な区切りが設けられ、後者のほうには身内とか、よほど親しいものしか招じない建前になっていたことがうかがわれる。おなじ話のなかに、公顕僧正は褻居の一間に帳《とばり》をかけ、そこに日本国中の大小神祇を聞及ぶに従って勧請し、毎朝、浄衣を着し、御幣を捧げて礼拝していたとある。家の主人が神を祭る場所といえば、寝殿造りであれば寝殿の身舎《もや》という住宅の中心部である。ところが、ここではそういう場所が褻居とか家居とよばれ、住宅のなかで表立たないプライベートな空間として、表からみえない隠された部分に転化している。先に寝殿造りに代って現われた中世の主殿造りでは、図4に示したように中門廊が退化して単に中門とよばれる突出部になり、そこに設けられた車寄せが発達して殿舎の主要な出入り口となり、やがて近世の武家住宅で典型的な玄関が現われたと記したが、ことはこうした出入り口の問題だけでなく、住宅内部の空間構成そのものに大きな変化のあったことが知られる。

座敷をもたない素朴な農家は、ひとくちにいって、現在もヨコザとカカザという炉端の聖なる場所を中心に構成されているといってよい。それが、たとえ貧弱でも座敷をもつ家になると、接客という家長夫妻による家の祭祀とは直接関係のないことが座敷で行なわれ、結果として、「褻」に対する「晴れ」とか、「ワタクシ」に対する「オオヤケ」といった言葉が、本来は神祭という聖なることに発しながら、それ以外の儀式や儀礼で示されるものを含むことになり、そこに微妙な観念の重層関係がはじまり、家自身がそうした空間構成をもつことになる。古代の寝殿造りから中世の主殿造りへの発展は、こうした差異を歴史的にはじめて創りだすものであった。そして、常設の客殿や客間、対面所へさまざまな客人を通し、まれびとの名に値する貴賓だけでなく、同輩や下僚まで含めて多人数が会合しての儀礼が通常のことになると、板敷に一人一帖ずつ畳をあてがうのではなく、列座の人を程よいところに坐らすために部屋の周囲に畳を敷きつらね、やがては中央部も敷きつめることになった。これは列座する客に対して、迎える側が応待するのに便利なためとも説かれているが、その過程で書院と床の間が現われ、やがて玄関が付設されて、今日の座敷の原型である書院造りが姿をととのえることになった。

座敷文化の意味するもの

現在、一般に座敷とよばれるものと、洋風の応接間とでは、機能的にかなりの違いがある。応接間でのもてなしは万事が実務的であり、主客ともに、座敷にくらべてはるかに軽快な応対をするのが普通である。それが座敷となると、なんとなく伝統的な礼儀作法といったことが念頭に浮び、型どおりの挨拶と辞儀をしていれば間違いないといった考えに流されてしまう。そして、上段と下段の差はなくなったが、玄関から請じなければ失礼に当るという来客はあるし、大きな邸宅では上座敷、下座敷の名が使われている。畳がもともと敷物であるのに、その上に座蒲団という敷物を用い、おなじ部屋の中でも座蒲団で設けられる座席に上下の別がある。そして、見知らぬ客の訪問をうけたとき、その服装をたしかめて、それ相応の座に招じ、座蒲団や菓子器をはじめ、もてなし用の道具に差等をつけるということも聞く。こうした風習は、座敷というものが封建的身分社会のなかで、それを維持するための「晴れの儀式」を行う場所として成立し、展開してきたという歴史的な経緯に由来するとみる以外にない。

考えてみると、絵画にしても、茶の湯や生け花、造園など、伝統的芸能の多くは座敷をめぐって成立し、発展してきた。歌舞音曲とか唱導話芸の類にしても、芸術的な練磨をうけ、洗練された形になると、しばしば本来の大衆的な野外での存在形態から離れ、座敷の芸能に転化している。このことは、座敷がもっとも公式の「晴れ」の場であり、主従同輩の契りを固めあうという、この世でいちばん大切な「オオヤケゴト」を執行する場であったという、封建社会の久しい歴史にもとづくといえるだろう。城の天守は、江戸時代に領主の権力と武威を示すたいせつな建築であったけれど、武士たちの主従間の誓約儀礼は城内御殿の広間や書院の座敷でおこなわれた。この時代に天守閣が焼亡したあと、財政難から再建されなかった例に江戸城などがある。将軍や諸大名は城に天守閣がなくても過ごすことはできたが、書院や広間の座敷なしにすますわけには行かなかった。このほうは災害などで焼失しても、ただちに再建されている。座敷はこれほど大切な場所であり、座敷の儀礼は、江戸時代には上は京都の禁裏御所、江戸の将軍家から、下は町々の年寄、村ごとの庄屋・名主の役宅まで、それぞれの階層にしたがい、定められた格式を遵守して執行されていた。この時代における封建的身分秩序の完成とは、具体的にはこうした事実をさしている。

多くの芸能が、もともと神祭の場で神意を占い、神慮を慰めるためになされたさまざまな呪的行為から発生し、やがてそれらが特に座敷をめぐる芸能に収斂《しゅうれん》され、その過程で芸術的に洗練されたという芸能史の大綱は、古く野外に設けられた神祭の場に参集して神を迎え、神人相饗することが晴れの「オオヤケゴト」であった古代から、威儀を正して座敷に列座し、身分と地位によって座を占め、主従や同輩の絆を固めあう中、近世に向った歴史の大きな流れにもとづいている。とすると、明治以後になっても、封建時代に成立し、完成されたはずの座敷構えが、簡略化された形ではあれ、つぎつぎと一般民家のなかにとり入れられ、それがないと一人前の表立った交際事ができないという圧迫感や、自らの築いた社会的地位や財力を誇示するために、少しでも生計にゆとりができると、皆が争って自分の家に座敷を構え、それにふさわしい調度品を備えてきたことは、人々のあいだに封建的なものの考え方が十分に払拭されていない、いわゆる封建遺制かもしれない。

しかし、明治以前の封建時代に、自分の家に座敷をもち、いつでも「オオヤケ」の儀式や儀礼のできる設備をもっていたのは、公家や武家、神官、僧侶のほかは、都市の上層町人や村落の郷士、庄屋層など、一部の主だった家にかぎられていた。それが都市の町家や一般住宅はもとより、農家にあっても、どのような分家筋でも一間だけは床の間のある座敷をもつようになったのは、明治になってから発生した新しい流行であった。これと符節をあわすようにして、生け花とか茶の湯などの座敷での儀礼にもっとも深い関係をもってきた伝統芸能が、明治以後にかえってその受容者、荷担者の層を急激に拡大し、いろいろとやかましい行儀が付加され、理論的な意味づけも意識的に強化され、文字通り伝統芸能として、はじめて国民的規模で根をおろすことになった。

すでに述べたとおり、寝殿造りに代って主殿造りが現われ、さらに牛車を使う出入り口としての中門が消え、駕籠を主な乗物にする客を送迎する施設としての玄関が現われて、書院造りとよばれる座敷構えが近世に完成したが、このような住宅様式の変遷は、かぎられた支配的地位に立つ人たちの住宅史である。大多数の庶民は、炉端における神祭と一家団欒、隣近所や親しい身内、仲間相互のつきあいという、それこそ原始古代以来の簡素な住居様式を、近い時代まで一貫して維持してきた。そうしたところへ座敷が付設されると、そのために費やされた資力に比例して、そこが住居のなかでいちばん上等で、たいせつな場所ということになり、意識、無意識のうちに炉端での団欒に不当な圧迫が加えられ、そこをより住みやすく、より快的な居間や台所に育てようとする努力がなおざりになってしまう。住居が本来もたねばならない機能は、なによりもそこに住む家族の日常の起居の場を快適にするという点にあるはずである。それが座敷という接客のための施設が、用もないのに幅をきかすとなると、文字通りの主客転倒である。

封建時代に武士たちがその家に構えた座敷は、彼らが武士として立つために必要な施設であった。だが、そのような必要のなくなった時代に、一般民家の、炉端のヨコザと客座の間で交されてきた親しい仲間内の交際を、近代市民の人間的な社交に発展させることなく、猫も杓子も座敷を構え、そこでの堅苦しい儀式ばった礼儀作法に依拠していさえすれば、それで上品な社交になると思いこんだのは、私たちの大多数の父祖の、大きな錯覚であったといってよい。だが、そうした錯覚が、つい近い時代まで、明治八十年とか九十年というべき時期までそれなりに社会的な力をもっていたのは、単なる封建遺制という言葉で片付けられない深いコンプレックスの存在を思わせる。明治の新時代になって、私たちの父祖の抱いた夢は、出世すること、人前に出て恥をかかず、立派に挨拶できること、つねにこういったことに力点がおかれていた。ひとりひとりが各種の共同体の影に隠れないで、積極的に、そして直接に「オオヤケ」の世界に出て働き、世間の波にもまれながらも他人からうしろ指をさされないようにするには、日常的な「褻」の生活、「ワタクシ」の部分が抑圧され、圧迫をうけても仕方がないと諦め、さらには、台所の改善のようなことは後まわしにし、日常の生活は極度に切詰め、それでもって世間体を整え、世間と足並みを揃えるのはよいことだと素直に信じこんできたところに、ことの本質があるように思われる。

一つの住居のなかで、家族の私的日常生活のなされる部分と、客を迎えてもてなす部分とが分離することは、住居の間取り、内部の空間構成という点では、大きな進歩である。単純な間取りしかもたない古代貴族の寝殿造りに代り、より複雑な間取りをもつ中世の主殿造りの出現が、住宅史上、大きな画期をつくりだしたと評価されるのも、この点にもとづいている。しかし、住宅における接客機能という「晴れの場」と、日常生活という「褻の場」とが、あるべきはずの平衡を失って前者が後者を圧倒し、後者の譲歩や犠牲のうえに前者がのさばっているとすれば、それは住居本来の機能にそむく不条理であり、不自然といわねばならない。ことは、見ようによって、あるいは考えようによって、一つの大きな偽善といえるかもしれない。実際に、明治以来、西欧風の合理主義を身につけた人たちは、座敷をめぐる文化現象にある種の偽善を感得し、つねにこれを指弾してきた。けれども、私たちの父祖の日常や、現在のわれわれの生活のなかに伝承されている「オオヤケゴト」と「ワタクシゴト」、「晴れ」と「褻」の複雑なからみあいからみると、座敷の文化を支えてきた「晴れ」の優越と「オオヤケゴト」の支配、見かたを変えれば「ワタクシ」の譲歩と自虐的な自己犠牲、大きくいって明治的な「滅私奉公」の基礎になっているようなものは、「聖」なるもののありかたとも関連し、先に母子心中について考えたように日本人の根本的な生命観にもかかわるほど深い歴史的由来があると思われるが、同時に、それは明治以後の近代化の過程でとくに強力となり、社会発展のなかで否応なしに方向づけられてしまった庶民たちの、ひとつのまじめな信仰であったと思えてならない。

紐の緒と千人針

先に『万葉集』巻二〇に「防人歌」としてまとめられているもののなかから、

庭中《にはなか》の　阿須波《あすは》の神に　木柴《こしば》さし、吾《あれ》は斎《いわ》はむ　帰り来《く》までに（四三五〇）

という歌を紹介した。おなじ趣旨のものに、

国々《くにぐに》の　社《やしろ》の神に　幣帛《ぬさ》奉《まつ》り、贖祈《あがこひ》すなむ　妹《いも》が　かなしさ（四三九一）

というのもあるが、一方、

わが妹子《いもこ》が　しぬびにせよと　着けし紐　糸になるとも　吾《わ》は解かじとよ（四四〇五）

とか、

難波道《なにはぢ》を　行きて来《く》までと　吾妹子《わぎもこ》が　着けし紐が緒《を》　絶えにけるかも（四四〇四）

という歌もある。

最初の歌の意味については先にのべたが、二番目のも、おなじことを夫の立場から歌ったもので、留守している妻は、きっと「国々の社の神」に幣帛を捧げ、贖物《あがないもの》をして無事を祈ってくれているだろうというのである。ここで祈られている神々は、社《やしろ》に祀られている歴とした神明で、東国からはるばる筑紫に赴く防人たちの前途を守護してくれる、高い神徳をもつ神たちであった。これに対して三番目の歌は、妻が自分を思い出すよすがにしてくれと着けてくれた紐だから、たとえぼろぼろになっても解かないつもりだというのであるし、最後のは、難波への道を行って戻ってくるまでもつようにと、妻が着けてくれた紐の緒が切れてしまったというのである。この後の二首の歌の背後には、妻が着けてくれた紐には夫の無事を祈る妻の真心がこめられており、紐自身に侵すことのできないある種の霊能、もちろん、それは他人にとってはどうでもよいことかも知れないが、夫であるからには粗略にできない。そして、その限りではどのように高名な神明にも劣らない霊威をもつという、素朴な信仰がひそんでいたと思われる。

こうした信仰は、たとえばつい近い時代、第二次大戦中まで戦争のたびに思いだされ、行なわれた「千人針」の風習につながるといえるだろう。「千人針」というのは、千人の女性に頼んで、白や黄色の晒木綿に一人一針ずつ赤糸で縫って糸尻の止めや結び目をつくってもらい、それを肌身につけて出征すると敵弾に当らないという呪法で、いつから始ったか、起源のほどは不明であるが、日清・日露の役にはすでに「千人結び」の名で行なわれていた。出征兵士の肉親、たいていは母親とか妻、姉妹たちが縁故知人にたのみ、足りない分は街頭に立ち、通行の女性によびかけて縫ってもらった。死線を越え、苦戦を免れるようにとの語呂合せで、五銭や十銭の白銅貨を縫いつけたり、虎は千里を走って千里を帰るということから、寅年生まれの女性には年齢の数だけ縫ってもらえるなど、さまざまな変化も加わった。また、黄色の晒木綿を使うのは、妊婦の腹帯におなじ黄色の木綿を使う地方の多いことと関連があり、赤糸を用いるのも、赤い色に強い呪力を感じた伝統の信仰の名残りと説かれているが、一針ずつ縫ってもらって出来上がった姿は、その昔、防人たちも着たはずの、戦衣としての刺子《さしこ》を連想させるといわれている。できるだけ多くの人の合力を得て縫上げてもらい、そのことによって呪力を増そうとする信仰も、由来するところ古いものがあるだろう。かつて防人の妻たちも、自身の全霊をふりしぼって夫のために戦衣を縫っただけでなく、できるだけ多くの仲間にたのみ、その協力を仰ごうとしたのではなかろうか。

総体的にいって、ふだんの平穏無事の日々には、この種の信仰は「ワタクシ」のひそかな信仰として、表面に立つことはない。二五八頁の写真は鹿児島県のある農家の釣瓶井戸の屋形の柱に祀られていた井戸神さんのしるしの御幣であるが、この神のように事物から遊離脱却できないまま、その中にとどまっている精霊的な神たち、そのために呪術とも訣別できないでいる「ワタクシ」の神と、すでに神霊として自立し、純粋に祭祀や祈願の対象になっている広い世間のもっとも「オオヤケ」的な神とのけじめづけについては、すでに述べた。両者のあいだには、明らかに信仰の位次のうえでの差別があり、表立って神信心といえば、それは後者の社に祀られている神明をさしてきた。けれども、これは一応のたてまえの上でのことで、ことがひとたび平常の次元を越えると、この位次はけっして安定したものではなくなる。

井戸神さんの御幣。

井戸の神とかカマドの神、便所や納戸の神たちをはじめ、家のなかにあって多く女性たち、とくに主婦の管理する日常生活のなかにひっそり隠れて存在してきた精霊的な神々、ほかならぬ家族員ひとりひとりが保持しているもっとも狭義の「ワタクシ」と、その霊的性能、ないしは彼らが田畑を耕し、食事を用意し、糸を紡いで布を織り、着物を縫うといった平凡な日常の行為そのものに潜む霊力は、いずれも事物自身とか、人間のもっとも根源的な存在や行為そのものに直接に根を張り、そこから一歩も出ないで抽象化と観念化を拒絶してきたものであるだけに、ひとたび異常な事態に逢着すると、かえってそれらが強力な呪的霊能を発揮するものとして人々の心をとらえ、その力にすがろうとする呪術信仰や禁忌意識を、人々のあいだに一段と昂揚さすことになる。着物を縫って紐をつけ、結ぶといった行為などは、いつの時代でも平常の日なら何気なく見過ごしてしまうことがらに属している。しかし、先の『万葉集』の歌のように、ひとたび夫が防人に徴集されて筑紫に赴くといった事態になると、征くものにとっても、送るものにとっても、日ごろ看過してきたような些細なことが、それだけにかえって重大な意味をもちはじめる。第二次大戦中に出征兵士とその家族たちが、「千人針」を用意したのも、究極のところ、これとあまり違わないのではなかろうか。

「晴れ」の日常化

一般的にいうならば、平常の時の流れのなかに突如として異常な日が現われ、あるいは時間と関係なく、思いがけずに異常な場に立つと、「晴れ」と「褻」の秩序ある交替のリズムはしばしば一挙に動顚し、人々の思念の位相は、これを契機に逆転する。そして、近代以前にあって平常に対する異常といえば、すでに述べたように、その最大のものは戦乱、飢饉、悪疫の三悪で、われわれの想像を絶する巨大な暴力が、父祖たちの平穏な日常に悲惨な打撃をあたえた。これに対して近代の社会は、この三悪のうち少なくとも後二者、飢饉と疫病だけは消滅さすのに成功したかにみえる。だが、その代り、各種の共同体に抱かれてきたその成員個々の「ワタクシ」は、ひとりひとり切離されて広い世間の波にもまれ、文字通り個性的な生涯を送らざるをえない羽目になった。「晴れの日常化」、「異常の平常化」という以外にない、これまで経験することのなかった異常事態である。ここに不断の緊張を強いられた人たちの間に、先にのべたように、私的生活の面ではかえって旧来の自給体制を形式的に維持し、強化しようという不自然な、禁忌意識の累加という言葉で理解する以外にないような事態が現われたのも、当然であったと思われる。

「イシゴキ」で御飯を食べるものは、出世できない、という諺があったという。イシゴキとは陶器の茶碗のことで、なぜこのような名がついたかというと、昔は御器《ごき》とよぶ木製の椀が日常の食器であった。これに対して陶器の御器だからイシゴキ（石御器）というわけである。江戸時代も中期になると陶器もかなり普及し、東日本では瀬戸物、西日本では唐津物とよび、これを大量に供給するところの名で陶器の食器をよぶようになった。しかし山近い村では、木地屋《きじや》のつくる漆もかかっていない生地の御器なら、米や麦と交換で入手できるが、陶器はお金で買わねばならず、近い時代まで贅沢品とみなされてきた。そして、陶器を町の人のように瀬戸物とか唐津物とよばず、わざわざ古風を守ってイシゴキとよんだところに、ある種のコンプレックスがうかがわれる。それは座敷を建てることなどは甲斐性の現われとして肯定する一方、陶器の冷たい口ざわりに食欲を増進させるのは邪道と思いつめ、出世したいなら、したがって座敷をもつ人になりたいなら、イシゴキで御飯を食べるなというのであり、そこには、さまざまの障害はあっても、とにかく本人の働きと運次第では出世の可能性の開かれた新しい時代に直面し、そのことによって禁忌意識の異常な昂揚に呪縛されてしまった庶民の姿がみられる。

イシゴキで御飯を食べると出世しないというのは、座敷を建てるために居間や台所の改善を犠牲にするものが、その現状を肯定するため、自分自身や家族たちにいいきかせた言葉とみることができる。それは、否応なしに広い世間の荒波に直面させられた人たちが、それを無事に越えるため、懸命に唱えた呪文ということもできよう。

そして、男性にくらべてより多く家庭内の私的生活面、居間と台所のことを担当してきた女性が、明治以後、より多くの犠牲を払わされたとみられる理由もここにあったし、大きくいって、明治以後の近代化の全過程が、以上にみたような禁忌意識の異常な昂揚に呪縛された厳格主義と禁欲主義に支えられ、公益優先とか滅私奉公というかたちで、資本の蓄積が強行されてきたように思われる。そのことは、現実の諸共同体の解体につれて激発した「晴れ」と「褻」、「オオヤケゴト」と「ワタクシゴト」の悲痛なアンバランスの表出であり、結果として、前者の野放図な肥大化であったということができる。明治以後の庶民たちの「座敷づくり」は、けっして単なる封建遺制ではなく、それ自身が近代化の内容を具体的に示すものといえよう。

VI　民俗のこころ

苗代の水口祭——奈良県明日香村——

近代の聖域づくり

明治以後、つい近い時代まで、私たちの父祖が前章にみたようにして「座敷づくり」に執心し、生計に少しでもゆとりが生じると、まるで申し合わせたように座敷づくりに励んできたことは、煎じつめてみると、家のなかの空間構成が家の外、野外のばあいと同様に、けっして単一平板なものではなく、もともと「聖」と「俗」、「晴れ」と「褻《け》」という対立しあう二つの要素が、それぞれ濃淡をもって家のなかにも並存し、この二つのものによって、屋内空間が成り立ってきたことを出発点にしている。

台所や便所、納戸や奥座敷など、家のなかの隠れた部分に住みついてきた「家付きの神さま」たちについては、すでに第二の章でのべたが、家のなかの神さまの住んでいるような場所、便所とか土蔵などに入るとき、戸の引手に手をかけ、口のなかでなにやらつぶやいてからでないと中に入らなかった老人たちを知っている。それは「御免なさい」といったかたちの、神さまに向っての明瞭な挨拶の言葉ではないけれども、それに類した唱えごとをしなければ気がすまなかったからで、正月とか月の一日、十五日だけそうしたという人ともなると、その数はさらに多くなる。また、夏の暑い季節には、便所に立つたびに着物を替えた老人のことも、身近に記憶している。ここにいたっては信心とか潔癖といった範囲を逸脱し、癇性といったほうがよいのかもしれないが、それはともかく、普段に行きつけない場所ならいざ知らず、日常起居する自分の家のなかでさえ、特定の場所に立ったり坐ったりすると、おのずから特別の気持になっていずまいを正し、口から出る言葉も、思わず四角四面のものになってしまうのが、父祖たちの身体に染みついてきた伝来の生活感覚であり、習性とよぶべきものであった。とすると、彼らが抱きつづけてきた「座敷づくり」の執念というものも、こうした感覚なり習性が一定の条件のもと、座敷という屋内の区画された特定の場所をめぐり、無意識のうちに集中的に現われたものと見てよいと思われる。

座敷における晴れの座席には、この世におけるあの世の露頭であるとか、そこに坐れば一瞬のうちに遠い過去から未来にまでつながるといった類の、いわゆる「聖なる空間」としての感覚は少ない。けれども、そこは「晴れの場」という意味で、家のなかで他の場所とは違う濃縮された特殊な空間としての意味と機能は、今日もなお、それなりに濃く残留している。座敷をもつということは、それだけ精神的、物質的な負担が加重されることであるが、新たに座敷を建てるということは、庶民にとっては明治になって開かれた新しい時代の風潮に乗り、古い仲間から離れて、ひとり独立して成功したしるしであり、当人の甲斐性のあらわれであるから、逆にいえば座敷のない出世はありえないことになる。そこを「晴れの場所」として、そこに坐ってもっともらしい顔で客と応対しなければ、一人前の人間として世間と直接の交渉をもち、ひとりで世渡りできる人間になれたという実感がわかなかったこと、それが人々をして、久しいあいだあれほど「座敷づくり」に熱中させた原因といえるだろう。とすれば、それは明らかに理屈では説明のつかない伝統的な生活感覚、ないしは信仰とよぶ以外にないもののうち、座敷をもって他と異る特殊な場所、聖域とみなす意識だけが近代化の過程で家のなかの他の部分に関する信仰を圧倒し、近代という時代のもつ本質的な属性に押し流されて、それ自身も世俗化しつつ、特殊肥大化したということができる。

すでにのべたとおり、社会の上層支配者のばあいは別として、一般庶民の家々で、家長たちの実権が日頃われわれの伝聞しているほどに強大になったのは、明治になってからのことにすぎないし、家庭内での女性の地位の低下も、結局はこれとほぼ並行していた。このことは、近代になって村落を基本単位とする旧来のさまざまな共同体が解体するにつれて、成員相互間に結ばれてきた横の連帯感、農耕を中心とする生業上のさしせまった必要から近隣相互に協力しあい、遠い親類よりも近くの仲間というかたちで「家」とか「血筋」といったことを考慮の外にするような庶民の横の連帯感が失われ、代ってすべてを血縁になぞらえ、それも父系の出自のみを尊しとする同族的な、武家社会に特徴的に発達した、いわゆる「タテ（縦）社会」の軸組だけが不当に拡大され、そうしてつくられた擬似共同体が、ほんらいの共同体が解体したあとの空白部をうめてきたことと、表裏の関係をなしている。

近代の日本は、しばしば特殊日本的といった形容詞をつけてよばれるような、そうした近代社会をつくりだし、維持するにあたって、それにふさわしいかたちで大小さまざまな聖域群を創出、整備し、そこを「晴れの場所」、あるいは「聖なる場所」として、本家と分家、親方と子方の呼称などで象徴されているような、すべてを家父長制的、同族的秩序の拡大でもっておおいつくそうとする「タテ社会」の、内容をともなわない世俗化された形での再生産と、特殊肥大化をなしてきた。ここ百年ほど以前、幕末・維新のころまでは、少し辺鄙な地方では家といっても土間だけか、床張りの部分があってもせいぜい板の間だけ、というような貧弱な家に住んできたわれわれの大多数の父祖たちが、明治以後、猫も杓子も生きがいのすべてを「座敷づくり」に賭けて励んできたのは、たしかに近代化にもとづく生活水準向上の結果であるし、その端的な発現であることに間違いはない。けれども、同時にそれは、もっとも身近になされた「タテ社会」の肥大化、家長権強化のための新しい聖域づくりという意味を、当人たちが意識するとしないにかかわらず、最初から担っていたといえるだろう。

聖なる町角

最近、京都府宇治市の中心街になっている昔の宇治の町で、明治十九年（一八八六）生まれのおばあさんから、この町に出没したタヌキの話を、いくつか聞くことができた。宇治といえば平等院の門前、宇治橋畔の奈良街道に沿った古代以来の交通の要衝に位置し、宇治茶の産地として、近世には御茶師《おちゃし》とよばれて貴顕に出入りした茶業の豪家が軒を並べ、早くから、かなりの町場を形成してきた。実際にこのあたりでは、茶畑の肥やしに入れた干鰯《ほしか》の類をねらい、大正から昭和のはじめのころまで、タヌキやキツネが人里近く出没したのは事実である。けれども、そうしたタヌキに化かされた話、一定の条件のもとにタヌキが住みついているという場所を通ると、人間のほうがタヌキにしてやられるという話が、宇治のような町場の中心部にさえ存在したことは、父祖たちの抱いていた日常の信仰ないしは生活意識を考えるうえで、興味ある材料を提供してくれる。

御茶師の筆頭として、宇治郷の代官も勤めた上林《かんばやし》家のうち、「上《かみ》の上林」とよばれたほうの屋敷は、明治になって小学校に使われたが、ここで始業や終業の合図にしていた板木《ばんぎ》を、タヌキが夜中にたたいて近所の人を驚かしたという話もある。また、ある人が日中に茶畑でタヌキを捕えてタヌキ汁にして食べたところ、それが雄のタヌキで、つれあいの雌ダヌキが夜中に美しい女に化けて仕返しにきたなどの怪談じみた話もあり、彼らの活躍ぶりはまことに多彩であるが、そのなかでもいちばん単純な形をとり、基本的とみなされるものに、右の夜中に学校の板木をたたいた話のほか、次のようなものがある。

二六九頁の写真は、タヌキがしばしば人を化かしたという町なかの辻のひとつで、そこは大通りから少し入ったT字形の町角になっている。道が舗装されたという以外は、あたりの町並は明治時代とあまり変っていないとのことであるが、この界隈を根城にしていた

タヌキが出たという京都府宇治市の通称地蔵堂町の辻。右手の門は旧宇治郷の代官だった上の上林家の門を移築したものという。

タヌキは相当のしろもので、あるとき、近所でもしっかり者の評判の高かった「六左ェ門の小母《おば》」という人が、親戚の法事によばれた帰り、みやげの折詰をもってここを通りかかった。先方を辞去するとき、夜道だから提灯をもって行くよう奨められたのを、大丈夫、気遣《づか》いないと断ってきたのが、この辻にさしかかると急に足がもつれ、先に進むことができなくなってしまった。御当人は、「さては性悪のタヌキめ、折詰の御馳走を狙って化かしにかかったな」と腹を立てたけれど、肝心の足のほうがさっぱり云うことを聞かず、そのうちに目の前がちらちらして大入道が現われたりしはじめた。さすが気丈の小母さんもとうとうカブトをぬぎ、先に進むのを断念して、やって来た道を引返そうとしたら、それまで地面に吸付けられて一歩も動かなかった足が、ふしぎに動くようになった。そして、あらためて法事によばれた家に行き、やっぱりタヌキが邪魔して通らせてくれないからといって提灯を借り、それに火をともして戻ったところ、今度はなにごとも起らず、無事に家に帰ることができたという。

こうして一定の場所にさしかかると足がすくみ、身体がこわばって思う方向に進めなくなったという話は、本来は神仏の意志の発現として、その霊験譚のなかで説かれていることが多い。著名な例をあげると、鎌倉時代の仏教説話集である『沙石集』には、大和の三輪（桜井市）に住んでいた常観坊という真言僧が吉野金峯《きんぷ》山《せん》寺の参詣を思い立って道を急いでいたところ、母親に死なれて孤児になった三人の子供たちが、その遺骸を前にして途方にくれて泣いていた。常観坊は哀れにおもい、ここで子供たちを助けて母親を葬ってやると自分も死穢《しえ》に触れることになり、吉野の参詣を遠慮しなければならなくなるが、それはそれで後日の機会を待てばよいと思い定め、近くの野辺に送って陀羅尼《だらに》などを唱えてやった。そうして常観坊は、吉野参詣をあきらめて三輪に戻ろうとすると、急に身体がすくみ、歩くことができなくなった。そこで彼は、吉野に詣ろうと発心しながら、途中で道草したので罰が当ったのだろうかと恐懼しながら、こころみに街道を吉野のほうに歩いてみると、その方へは少しも煩いなく歩くことができた。これは三輪に帰らないで直ちに予定どおり参詣せよとの思召しなのだろうかと、おそるおそる山に登って物陰で念誦していると、突然、巫《かんなぎ》に神憑《かみがか》りし、どうして早く参詣しなかったのか、死穢に触れたからと遠慮することはない、あのような慈悲の行ないこそ、なににも増して尊いのだ、という託宣が下されたとある（巻一の第四話）。

これは個人的な形で示された霊験であるが、神を勧請するため神輿をかついで動座している途中、ある地点にさしかかったところ急に神輿が重くなったとか、かつぎ手の足がもつれて先に進まなかったという霊異があり、それをもってその場に鎮座したいという神の意志の現われとさとり、そこに社殿を造立して奉祀するようになったという話もある。霊験が集団的に示された事例も、けっして少なくなかったが、いずれにしても、これらは単なる架空の伝説ではなく、本来はもっと積極的に人々の実際の体験に即して語りだされ、そのうえに伝承されたものだろう。宗教的体験とか霊感とよばれるものは、もともと言葉では完全に表現しきれないものを孕んでいる。である以上、人々の心の素朴であった時代には、そうした霊感が最初から言葉の世界を離れてこういう身体的表現をとり、「金縛り」という言葉で示されるような形態をとるのは、珍しいことではなかったと考えられる。だからまた、先の「六左ェ門の小母」という人がタヌキに化かされた話も、おなじようにして神仏の霊験を説いた話の末裔の一つではないかと思われる。

今まで、タヌキやキツネに化かされた経験があるという人から、直接にその話を聞いたことが二度ある。いずれも結婚式や法事に招かれたあと、一定の時間、平素とはちがう特別の儀式的な、集団的に昂揚した雰囲気に浸ったあとのことであるが、その帰り道、一定の場所を通りかかると、急に背筋に寒気のしたことまでは憶えているが、以後のことは酒に酔ったように無我夢中で、気がついたら他人に笑われるようなばかなまねをしていたという。道を歩いていて突然に鳥肌が立ち、寒気がしたあと、身体の調子が変になるというのはよく聞くことで、地方によってはこれをタヌキやキツネのせいにせず「ミサキの行逢い」とか「トオリ神に逢った」などというところもあるが、六左ェ門の小母という人の体験談も、大筋ではこれらと相違するところはない。彼女はしっかり者の評判をとっているだけに、その誇りにかけても提灯はいらない、タヌキなどに化かされてたまるかと、自分にいい聞かせればいい聞かすほど、逆に自己暗示の度をたかめ、結果として、やっぱり誑《たぶら》かされたわけである。が、そこにおける彼女の体験、町角にさしかかったら金縛りにあったように身体がいうことを聞かなくなり、目の前がちらちらして、大入道といった幻影が去来したというのは、すべてをタヌキのせいにしているけれども、あの世との境でもある聖なる町角、町の辻で、夜中に神の示現を見たといって、少しもおかしくない内容をもっている。

キツネ、タヌキの霊異譚

考えてみると、先に写真で示したような町角は、村のばあいとおなじように、宇治の町でもたとえば小正月の朝、近所の人がトンドといって正月飾りを焼き、その煙で正月の神さまを送ったり、盆には亡き人の霊魂を迎えたりする場所である。現在では、小正月の行事は市街地ではみられなくなったが、盆のときは、旧家では今も線香四本を持って近くの辻に行き、そこで線香に火をつけ、そのうち二本を辻に立て、残りを持って家に帰り、御先祖さんは線香の煙に乗って帰ってくるといっている。こうした行事が町なかの辻でも行なわれるのは、村のばあいと同様、そこがもともとあの世とつながる聖なる地点であり、他と異なる特別の場所、濃縮された空間ともいえるような場所柄だからである。六左ェ門の小母という人物が、法事のおよばれの帰りという平素とはちがう特別の気分のときであったかもしれないが、正月や盆のような大きな祭日ではない普段の日に通っても、おのずと神の示現を期待し、潜在的に不可思議な霊異の発現を待つ気持になったのは、その根本に聖なる町角に対する信仰があったからと考えられる。これをタヌキのしわざにしたのは、当の本人を含めて、辻に対する古い信仰の本然の姿を忘れたものの、かりそめの言葉といえるだろう。

というのは、柳田国男氏は『郷土研究』の一巻十一号に「動物文字を解するか」という題で、次のようなことを述べていられる（全集、巻三十）。九州平戸の殿様であった松浦静山の随筆『甲子夜話』によると、九州のある地方では、野ウサギに畑を荒されると、「狐のわざと兎が申す」と書いた標札を畑の近くに立てておく。そうすると、それをみたキツネは、ウサギが自分で盗みをしておきながら、それをキツネのしわざというのはけしからんと、怒ってウサギを追い回すだろう。また、それと知ったウサギが、畑荒しをやめれば、それでも良いというわけである。そして、『郷土研究』の第一巻が発行された大正三年(一九一四)のころ、今から六十年ほど前には、似たような話が東京の町にも残っていて、横町の駄菓子屋の店先には厚紙を立て、それに「蟻一升十六文」と書かれてあった。この札をアリがみて、そう安く売られたら沢山の人が買いにくるかもしれない。品切れになるまで捕えられては大変と、急いで立退くだろうという寸法で、アリを追いはらうマジナイであるが、おなじようにして「油虫大安売」と書く例もあるといい、このように動物たちに文字を見せる行為を、自分でべつに不思議に思わない心持が、キツネやタヌキなどの因縁話を数多く伝えてきたと説かれている。

たしかに、動物にも文字が通用するというような、人間と他の動物たちとのあいだに明確な区別を設けないという考えかたは、動物も人間とおなじような意志と感情をもち、彼らは人の言葉を解するばかりか、しばしば人間よりも優れた知力や霊的能力をもつという信仰と深く結びついており、それはまさしく原始時代以来、父祖たちが久しいあいだ捨てきれずにもち伝えたものである。けれども、一方で、人間は万物の霊長という確信も、人間の歴史はじまって以来のものであることに違いはない。とすると、動物が人間に対して霊威を発揮するかもしれないという想念は、いつまでもそれ自身で自立できるほど強力なものでありえないのは明らかである。それは他の原因によって人間の心に動揺が生じ、自信と信念がゆらいだようなとき、そうした心の隙間にくい入って、はじめて力の発揮できるような、副次的な力しかもてないようなものであろう。すでにのべたとおり、タヌキやキツネに化かされた話の根底には、村や町の辻などを聖なる地点とみなす信仰が、隠れた原因になっている。人々は、人里はなれた霊地、職業的宗教家の手で結構されたような聖域での体験は、いつのばあいも神霊の示現として素直に承認してきたが、村や町の辻のように、あまり身近く存在し、職業的宗教家も関与しないような場所は、時代が降るにつれて次第に粗略に扱うようになった。そのため、たまたまそうした場所で霊感を得るものがあっても、自分の手でことの正邪、真偽を判別するのに迷い、すべてキツネやタヌキのせいにしておいたほうが無難であり、当事者も聞く側も一応の納得がえられるところから、彼らの活躍の場がかえって拡大されてきたと考えられる。

しかも、彼らにまつわる話は、けっしてこれだけにとどまらない。たとえば、宇治の町で聞くことのできた一連の話のうち、先に紹介した「六左ェ門の小母」の化かされた話とはもっとも遠く離れ、辻をめぐる古い信仰といちばん縁の薄いものとして、次のような話がある。

舞台は、先に写真で示した辻をもう少し先に行ったところで、そこは片側が高い塀になっていて、塀越しに松の枝が垂れていたが、ある晩、近所に住む一組の親子連れが通りかかると、道の中央近くに一台の大八車があった。今でいうと夜間の不法駐車で、これを見た息子が、通行人の邪魔になるような車の停めかたをして、といって憤慨すると、父親は、そうではない、夜、塀のそばに車を停めるときは、わざと車を塀から離し、家の中から塀を乗りこえて逃げてくる盗人が踏み台に利用しないようにするのが作法だと教えた。後で起った騒動から考えると、近くに住んでいたタヌキが、この親子の会話を立ち聞きしていたらしい。その真夜中のこと、この塀のある家に住んでいたおトクさんという小母さんが、むっくりと蒲団から起きあがり、寝ていた主人を起し、声をひそめて盗人が入ったらしいといった。

当時は御維新の余燼が残っていて、治安も不十分な状態で、主人はてっきり隣家の質屋の土蔵をねらう盗賊にちがいないと思い、表の間に寝ていた店の者を起してそっと隣の質屋に連絡させ、盗人に感づかれないよう、隠密のうちに対抗できるだけの人数をそろえ、棒などを持って盗人の隠れていそうな場所を探しはじめた。ところが、いくら探してもそれらしい人影はなく、騒ぎのほうだけ大きくなって、近所の人もみな起きてしまった。そこで、どうしてこのようなことになったのか、そもそもの発端はなにかという詮議がはじまり、最初にいいだしたおトクさんはどこにいるのかということになって、探してみたがどこにもいない。そこで主人が慌てて家に戻ってみたら、当の本人はなにも知らず、寝間でぐっすり眠っていたという。

この話は、おなじようにタヌキに化かされたといいながら、先の例とはちがって一種の落しばなしであり、フィクションといってよいようなものである。そして、同類の話はおそらく全国に分布していると考えられるが、しかし、話の筋が似ているとか、あるいは同じだからといって、それらを簡単に一括してとり扱うことはできない。この話の主人公である「おトクさん」にしても、先にあげた雌ダヌキが仇討にきた家にしても、「六左ェ門の小母」という人の話とおなじように、話す人も聞く人も、皆がよく知っている実在の人物であり、その子や孫が今もその家に住んでいるとか、話の舞台も、日頃の生活の場として熟知しているところである。フィクションはフィクションでも、フィクションとして自立しておらず、フィクションとして離陸する以前の、土着のフィクションである。必然的に、聞く人にとって話のもっている迫力というか、迫真力は、今日のわれわれの想像する以上に大きなものがあったろう。

土着のフィクション

このことは、一般的にいうと近代以前の文学の有していた特質、少なくとも、それを享受した人々の側における心がまえと、根本の点でかかりあうものだろう。たとえば、事例は少し突飛かもしれないが、『源氏物語』という作品を、現在のわれわれは、まさに王朝の文学そのものとして、他のものを混入させることなく享受している。だが、平安時代の後期、この物語が発表されてまもないころ、王朝貴族の社会という平安京の一部に住む貴族たちは、これを文学そのものとして、今日のわれわれとおなじようにして読んだとは思えない。おなじことは、時代が下っても、たとえば江戸時代の西鶴や近松たちの作品のばあいでも、原則的に通じるものがあるだろう。文学作品とそのモデルたち、素材になった事件群との関係には、それが現在のように国民的規模とか、国際的規模にまで拡大され、一般化され、普遍化された世界のものでなく、一定の社会階層なり地域という、特殊な閉ざされた社会のものであるために、ことと次第によっては、われわれの想像する以上に生々しく、もしもその場に居合わせたら、おそらく顔をそむけたくなるような、生ぐさいものがあったのではなかろうか。

篠田鉱造氏の『幕末百話』によると、安政四年(一八五七)二月、江戸の森田座に掛っていた『天竺徳兵衛』の芝居の最中、俗に鳶《とんび》細川とよばれた一万石の家中の若侍が、徳兵衛がいよいよ母親のお八重を殺そうとする段になると、興奮のあまり刀を抜いて舞台にあがり、徳兵衛に扮した役者の市川市蔵に斬りかかり、止めに入った男衆を斬殺するという事件があり、いろいろあった末、俠客としてそのころ名の高かった新門辰五郎が仲に入って示談になったという話がある。劇中の人物に身を入れて涙をしぼるというのは珍しくないにしても、舞台で刃傷沙汰にまでなるというのは、一般的にフィクションがフィクションとして自立していなかった時代の特色を示す挿話というほかない。かつて文学に勧善懲悪などの徳目が深くかかわり、道徳とか宗教的側面での社会的効用が直接的に期待されたのも、おなじ根から発しているし、社会的、文化的な諸現象が、芸術にしても宗教にしても、その他もろもろのものが、それぞれ機能的に自立し、分化していなかったことの現われといえるだろう。

話は少し脇道にそれたけれど、「おトクさん」の家に盗人が入った話も、本質はおなじところにもとづいている。この話は一種のスキャンダルであり、昔の宇治の町でも、さらに限られた狭い町内を単位とする、相互に熟知しあった一定の地域社会内部での茶話である。ことによると、おトクさんの御主人というのは、その家の小僧さんから番頭に出世し、見込まれて主家の婿養子になった人か、生来の好人物でおトクさんには頭があがらず、なにごともおトクさんのいうままになっていたのかもしれない。だから、この話は実際にあったこと、——おトクさんという人が夜中に寝ぼけて盗人が入ったなどと口走ったことがあって、それが種になって出来たのかもしれないが、おそらくは当の本人たちが亡くなったあと、その人柄とか人間関係についての記憶が人々のあいだに残っているうちに、誰ともなしに語りだされたものであろう。したがって、たとえおなじような筋の話が他にもあり、だれかがそれを借用したとしても、それはこの地域社会の人にとって関知するところではない。話の主人公たちの人柄、話の舞台となった場所柄からして、いかにもありそうな話として地域の人たちに承認され、さらにいろいろ尾鰭がついて伝えられたものと考えられる。

そして、このようにフィクションでありながら、一定の地域社会に土着しているフィクションは、単なる笑い話という以上の力を現実に保有している。タヌキやキツネが人間を化かす話は、現在の子供でも絵本やテレビなどで十分に承知している。けれども、それはまったくの絵空事であって、大人はもちろんのこと、子供たちでも笑ってすまし、純粋にフィクションとして、話の筋の面白さだけを楽しんでいる。ところが、それを実際にいつも通っている場所、よく知っている家の人の話として、虚実をとりまぜ、というよりは、虚実の未分化のままに幼少のときから親たちに聞かされて育つと、事態はとても笑いごとだけですまなくなる。平素は正常の神経のもち主でも、一定の条件のもとでその場を通ると、もしやという疑心の暗鬼、潜在意識がいつのまにか自己暗示の作用をなし、先の「六左ェ門の小母」のような体験が、いつも再現されることになる。

タヌキやキツネが人を化かすというのは、すでにのべたとおり動物にも霊威をみとめる古代人の信仰の残影が、村や町の辻のような聖地に対する信仰と結びつき、そうした諸信仰のコンプレックスが、本来の趣旨を忘れて衰滅しながら、ようやく人々の心の一部にとどまったものである。しかし、そのような信仰が、これほど一般的に信じられ、広く分布してきたのは、中世以降、そうした動物霊の威力をことさらに喧伝した民間の宗教家、ないし巫覡《ふげき》の徒（男女のみこをさす）のしわざであったのはもちろんのこと、それとともにもうひとつ、以上にみたような土着のフィクションが、その根底に古い信仰をつねに再生産する力を保持してきたことを忘れてはならないと思う。そして、こうした土着のフィクションの有していた社会的な機能と意味は、土着という点、離陸していないという点で、近代以前の社会のすべての文化現象に通じるものがある。

ことを宗教にかぎってみても、行基とか空海、あるいは法然、親鸞、日蓮、蓮如など、仏教各宗の祖師とか高僧の遺跡と称するものは、全国津々浦々に分布しているし、それらはタヌキやキツネに化かされた話とおなじように、ほとんどすべてが類型的な伝説をともなっている。このことについて、一般の人もそうであるが、民俗に興味のあるものはなおのこと、そうした事例を数多く見聞しているため、それらを類型別に分類処理し、全体としてその意味を論ずるだけでことが終ったように思いがちである。けれども、これら祖師、上人たちの遺跡と称するものは、それにまつわる話がどのように類型的で、どこにでもみられる月並みなものであっても、それを伝えている村の人にとっては、本来、その村に限ってあったことで、他の村におなじことがあろうとなかろうと、もともと関知するところではない。それらは、それぞれ生まれついた村のなかでのみ生きた人にとって、祖師たちの説いた普遍世界に弘通する尊い教えを理解するための、この世におけるかけがえのない手がかりであり、諸仏菩薩による救いの証しであった。

高僧たちにまつわる伝説といえば、手植えの松とか腰掛けの石、錫杖で突いたあとに湧出した泉など、そのひとつひとつを取上げ、それだけを切離してみれば、まことにたわいないものであり、それぞれ樹木崇拝とか霊石崇拝、アニミズムとか精霊信仰といった呼称をもって分類すれば、すべて処理できるしろものである。しかし、それらのものは、けっしてそれ自身で単独に存在してきたものではなく、もっとも高遠な、かつ普遍的な信仰を自分のものにするための手段として、それぞれ我が村のなかに設定されたものである。このことは、「六左ェ門の小母」が町の辻でタヌキのために金縛りにあい、いろいろ幻覚をみたという素朴な宗教心にもとづく生々しい体験談と、寝ぼけた「おトクさん」をめぐる軽妙なフィクション的要素の濃い洒脱な滑稽談とが、特定の地域社会の中で互いに相関関係にあることと同じといえる。最初の章で、近代以前には、父祖たちは土着性を失わずに外界の文物に接し、その受容をなしてきたと記したが、近代になるまで、したがって離陸する以前の土着の生活文化とは、もともと以上のような構造をもっていた。

機殿さんと神麻続機殿神社

柳田国男氏は、『神道私見』のなかで、

「宣教師などの持つて参つた宗教学の本には、或は日本のやうに神の数が八百万もあるやうな宗教は一段下等な宗教と云ふことになつて居るかも知れませぬが、吾々は斯の如き評価方法を採用する前に、尚ほ沢山の問題に亙つて真面目に考へて見なければならぬのであります。」

と説いていられる。

父祖たちは、八百万の神々はおろか、そのみさき、つかわしめなどとよばれる動物たちにも霊威をみとめてきたし、すでにのべたとおり、野外にも家のすみにも、まだ事物から遊離できないでいる諸精霊、神とはとてもよべないようなものの存在をも、律儀に信じてきた。しかし、それらは、原始古代人の信仰が、そのまま残留したものではない。父祖たちの営んできた土着の生活の必然的な産物として、普遍的な信仰、普遍的な諸観念を、村という現実の生活の場において受容し、その底辺部で具体的に根を降ろさせるため、時代による変形を次第に受けながらも、つねに再生産され、継受されてきたものであった。柳田氏が西欧的思考にもとづく評価方法を採用する前に、もっとまじめに考えなければならない問題がたくさんあると説かれたのは、近代以前の社会において、その基層を分厚く築いてきた右のような土着者の信仰、土着の生活と思惟方式の構造的理解の必要性を説かれたものと考えてよい。芸術といい、宗教といい、さらにそのなかのひとつひとつのものまで抽象性を獲得し、諸事すべてが機能分化してしまった今日の世界に住むものの目で、安易に過去のことを見てはいけないという、戒めの言葉といえよう。

村々の、鎮守の森と社殿が今日のような姿になったのは、最終的にはここ百年来のできごとと説かれている。その間におけるいちばん大きな変化は、境内や社殿の整備はもちろんとして、およそ神社らしい様態をもつ神社については、すべて復古神道の流れを汲む人たちの手で仏教との分離がなされ、つづいて祭神については、『延喜式』や『古事記』、『日本書紀』や『旧事紀《くじき》』『姓氏録《しようじろく》』などの古典にみられる諸氏族の祖神でなければ、歴史上の偉人を祀るとされ、わずかな機縁をたずねて文献考証にもとづく祭神の比定がなされた。柳田氏が、「日本の神様は如何なる孤島の松の陰、深山の岩の上に安置する神様でも、悉く皆神代史中の大人格を景慕し崇敬したのだという説」(『神道私見』)と評されたものが、国家の公認する表向きのたてまえとなり、いつしかこのほうが世間の常識になりはじめた。

しかし、もともと自給自足を旨とする村のなかに生まれ、村のなかだけで生きていた人たちにとって、彼らの神、したがって村の神として祀るものは家々の神とおなじように、なによりも村の生活を守護してくれる神であればよく、それ以上の神徳は、極言すれば不必要というか、もともと考慮の外のことで、第二義的な意味しかない。古典に祭神の名が明記されているということは、あればそれに越したことはないにしても、それは日常的な信仰とは縁の薄いことで、そのような文献的徴証以上にもっと実のあること、村の生活に密着し、土着の信仰に支えられている必要があった。そして、国民的、ないしは国家的規模における祭神の承認、普遍神化というのは二の次であったのを逆転し、神々が土着神として自由にふるまい、特定の地域社会の利益に奉仕するのに最終的な制約を加えたのが、近代の社会であった。

三重県松阪市の東南郊、櫛田川下流の右岸にあたる松阪市魚見町の西南と東北に、神麻《かんお》続《み》機殿《はたどの》神社と神服部《かんはとり》機殿《はたどの》神社という皇大神宮所管の二つの神社がある。ところが、この近くに住む人たちは、この神社をこういう正式のよび名でいう人はなく、いずれも「機殿さん」とよびならわしていて、先年、この近くまで行ったとき、この神社の名をあげて、そこへ行く道を村の人にたずねても、みな首を傾げるだけでだれも知る人がなく、いろいろ説明したあげく、やっと「機殿さん」のことかと、それから急に親しげになり、丁寧に道順を教えてもらったことがある。境内は、どちらも以前は鬱蒼とした森であったのが、昭和三十四年（一九五九）九月の伊勢湾台風でずいぶん痛めつけられたとのことであるが、そのなかに入ると、二八六頁写真（下）のように向って右に「八《や》尋殿《ひろでん》」とよばれる機殿と、左に小さい社殿とがある。「上館《かみだち》」とも通称される神麻続機殿神社の八尋殿では荒妙《あらたえ》（麻布）が、「下館《しもだち》」とよぶ神服部機殿神社の八尋殿では和妙《にぎたえ》（絹布）が織られ、ともに内宮に納めることになっていて、現在では五月と十月の十四日に行なわれる神御《かんみ》衣《そ》祭に間にあうよう、その月の一日に両社で神御衣奉織始祭が行なわれ、それぞれ荒妙と和妙を一匹ずつ織りあげ、専門の機業家に依嘱して織ったものと合わせて十三日に奉織鎮謝祭がなされ、十四日に内宮斎館まで供進する。

神麻続機殿神社（通称上館）の森と正面参道。

神麻続機殿神社本殿（向って左）と機殿の八尋殿（向って右）。

古くは神宮所用の荒妙・和妙のすべてを、この上館・下館二カ所の機殿から調進することになっていて、旧暦の四月と九月の一日に織り立てをはじめ、十四日にそれぞれ辛櫃《からひつ》三合に納めて内宮に参入した。であるから、現在でも近くの村人が「機殿さん」とよんでいるように、機殿さんの森は神宮のために荒妙や和妙を織るところであり、神衣を調進すること自身を神的行為とみなし、その場所である八尋殿が、この森のなかでいちばん尊いところであった。機殿の傍の社殿はそのための守護神、鎮守の神を祀るにすぎなかった。ところが明治の改革は両者の関係を逆転させ、脇役にすぎなかった鎮守の神を、それぞれの森の主神の座に据え「神麻続機殿神社」、「神服部機殿神社」といういかめしい名をつけてよぶことになった。このほうが世間にむけての理屈の通りはよいかもしれないが、村の人には馴染みが薄く、いまだに全面的な承認を得ているとはいえない。伊勢神宮といえば皇室の祖廟であり、神社中の神社である以上、久しいあいだ国家的規模で朝野の崇敬をうけてきたのは事実としても、その内容は近代以前と以後とで本質的な相違があった。現在、神宮の摂社とか末社、所管社などとよばれるもの、あるいは各地に勧請されている神明社などは、神麻続・神服部の両機殿神社が現在でも所在地周辺の人から「機殿さん」とよばれているように、それぞれ所在地の土着の神としての性格を、濃厚に保持していた。本宮である内宮や外宮自身でさえ、年間を通じての数多い祭祀儀礼のなかで、もとは荒木田、宇治土公《うじとこ》、度会《わたらい》など、明治の改革で姿を消した世襲の祀官が重代の由緒を誇り、皇祖神とその御饌津《みけつ》神を祀るといいながら、一方では土着の氏族に祀られる伊勢神郡の神としての姿を、濃くとどめていた。

カガトのない靴

私たちは、伝統的とよばれるものに接するとき、それが由来するところ古く、その名にふさわしい由緒をもつものほど、現実に見聞するままの姿では、かえって近い時代に手が加えられ、変質した形跡のあることを予測する必要がある。上記の伊勢神宮の例のように、伝統的なものであることを多くの人が無条件に承認し、支持するものほど、その継受にあたって近代社会に適応するよう、あるいは近代社会の柱にもなるよう、意識・無意識の作為の加えられる機会が多い。これに対し、人々がことさら伝統的と意識しないような、日常平凡の事物のなかに、民俗の本意というか、久しいあいだ社会と文化の基層を担ってきた土着者の生活意識が潜んでいる。

現在、「正調〇〇節」などとよばれる民謡が各地でもてはやされ、テレビ・ラジオなどで全国に紹介されているが、「民謡」とはフォーク・ソング（folk-song）の訳語で、もちろん明治以後に使われるようになった言葉である。私たちの父祖は、田植えとか籾すり、粉ひきなど、実際に平常の仕事をしながら、あるいは祭礼のときとか婚礼の宴席など、嬉しいにつけ、悲しいにつけて歌ったものは、すべて「うた」とよんでいた。そうした「うた」の歌いかたには正調などとよぶものはなく、その場の雰囲気、歌う人の気持のまま、めいめいが自分の好きなように歌った。「うた」というものが、歌う人のために歌われるのが本来のありかたである以上、これが当然といえるだろう。それが世の中が段々と開けるにつれ、既存の専門の芸能者以外に、一般の村人のなかからも村に伝わる「うた」をセミプロのようにうまく歌うものが現われ、そうした人の手で「正調」と銘打った歌いかたがはじめられた。

　正調民謡を生みだすのに大きな役を果したのは、各地で催された民謡コンクールであるが、そうしたものは明治の末から次第に活発に開催されるようになった。その間に伴奏楽器として三味線のほか尺八が重用され、正調と称する民謡は、たいてい尺八の旋律にあわせて間がのびたうえ、小節《こぶし》とよぶ小旋律がたくさん加えられた。極言すると、民謡の上手下手は、発声がどれだけ尺八の音色に似ているかできまるといわれるほどになり、もともと仕事に合わせて歌われ、野外で歌われたりしたものが、伴奏楽器に引きずられて座敷唄に変質させられ、「うた」をそれ自身として愛唱するのは一応の進歩としても、それによって「うた」の有していた本来の機能の大半が失われることになった。そのため、老人のなかには、プロやセミプロ級の人によって歌われるものを「民謡」とよび、自分たちが気のむくままに歌っている原歌のほうは、昔どおりに「うた」とよび、両者のけじめを明確にする人が、以前はかなりみられた。

それは、自分はあの人たちのように上手に歌えないという謙譲の辞で表現されるばあいが多かったけれども、伝統的な生活、古風な仕事ぶりを維持しようとするかぎり、正調民謡では調子が合わないという事実が背後にあった。しかも、こうした昔風の「うた」、地域のコンクールの舞台などとは正反対に、村の日常生活そのものに密着し、人々が生活とか仕事のなかで気随に歌ってきた「うた」は、その場その場の好みで歌われる土着の「うた」でありながら、一方では広い世間と意外に深い交渉をもっていた。北九州のものが日本海の水運によって奥羽の村々に伝わるなど、歌詞にしても曲調にしても、各地のものが想像以上に頻繁に、予想外の経路を通って相互に影響しあい、伝播している。近代以前の庶民の生活文化は、いろいろな形でのべたように、そのひとつひとつは土着を骨子としながら、全体として近代の国民国家のそれとは全く異った方式によって相互に連繫しあい、民族の生活文化を形成してきた。

二九一頁の写真は昭和四十一年正月、梅林で有名な奈良県添上《そえかみ》郡月ヶ瀬《つきがせ》村(現・奈良市)に行ったとき、街道でゆきあった老人がはいていたシビグツとかツナヌキ、あるいは形の似ているところからキンチャクグツともよばれる昔風の皮グツである。日本人は、明治になって西洋風の皮グツが輸入されるまで、まったく皮グツを使わなかったのではない。山国の人たちは、寒気のきびしい冬の山仕事や山歩きに、写真のような皮グツを愛用してきた。が、それが西洋風のクツと全くちがう点は、草履や下駄などの履物とおなじように、

カガトとよぶ部分がないことである。先にたびたび引用した杉本鉞子の『武士の娘』のなかに、子供のころ、召使いたちから、

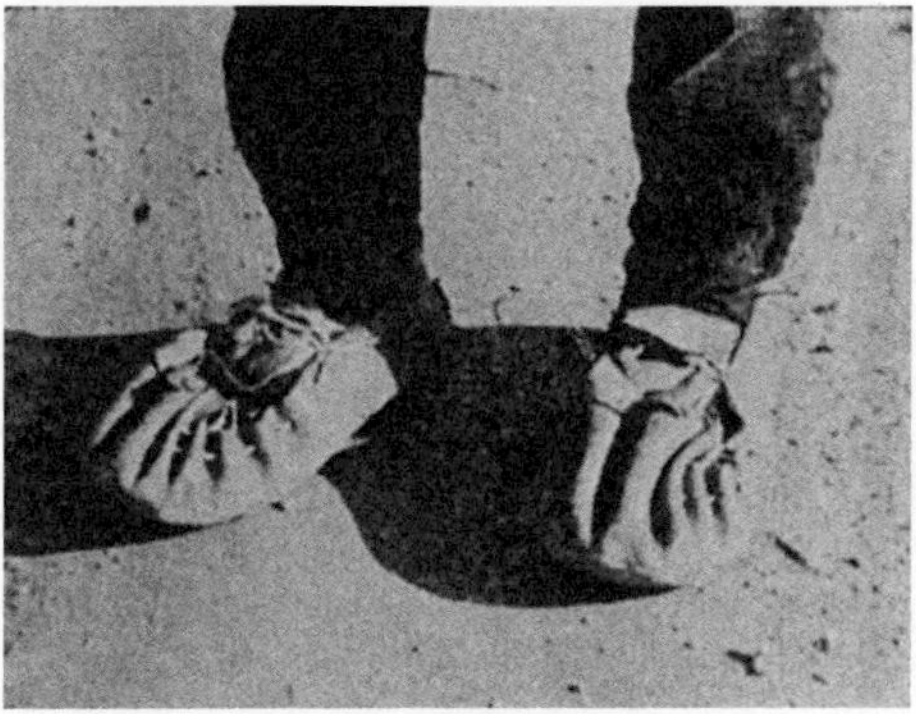
月ヶ瀬村でみたシビグツ。

「赭《あか》ら顔の異人さんは、踵《かがと》がないから履物に木の踵をつぎ足している」

と教えられたとある。幕末攘夷の志士のあいだには、紅毛人は足にカガトがないから、胸を突くとすぐに仰向けにひっくりかえる。戦いになったら、そのつもりで格闘すればよい、という風説もあった。

要するに、百年前の父祖たちには、西洋風のカガトのある履物ほど不可解なしろものはなかった。どうして必要なのか見当がつかなかったため、いろいろ憶測が生まれたわけである。伝統的な履物にカガトがないのは、地下タビなどにもその名残りがみられるように、昔の日本人はカガトを使う

歩きかたを全くしなかったからで、足半《あしなか》ワラジなどとよび、足の裏の前半分だけではき、カガトの部分のない草履が普通に用いられた。スタスタとかヒタヒタと形容される歩きかたは、もともとこうした履物をはき、足腰のバネを十分に使って飛ぶようにゆく歩きかたで、考えてみると、下半身の鍛練がなされてあれば、重い荷を担いで山道を行くのにいちばん適した歩きかたである。車文化が行きつくところまで進み、道路の改修の進んだ今日では、こういう歩きかたは完全に過去のものとなり、忘れられ、真似もできなくなっている。だが、最初の章でのべたように、近代の中間をカットする交通形態が現われるまでは、時間と労力という点では気の遠くなるほどのものを費やしながら、どのような僻遠の村も省略したり除外することなく、村ごとに独自の生活圏を維持しながら、険阻な山道づたいに村々を相互に最短距離で結びつけていたのは、すべてにわたって西欧化する以前の、この国土にもっとも適応した歩きかた、山道を苦にしない歩きかたであったはずである。

柳田国男氏は『郷土研究』の大正三年（一九一四）九月号（二巻七号）に「旅客の社会上の地位」と題して旅人の風儀の今昔を比較され、昔の旅客は邑里の臨時住民のようであったのに対し、今の旅行家ほど土地と没交渉のものはない。友人のなかには半日人力車に乗って車夫と物をいわなかったものもあり、旅行の報告は行った先のことでなくて同行者の失敗談であり、汽車の旅客は都会の伝道者で、旅人は歩く別荘にすぎないとある。この時期から顕著になりはじめた近代特有の、中間をカットする交通形態に対する鋭い反省と批評の言葉である。

　私たちは近代以前の土着の生活文化を、今日のわれわれの出発点として歴史的に明らかにし、日常の原点として民俗の本意というべきものを尋ねようとするとき、個々の民俗、ないしは土着の生活が相互に結びあっていた民族社会全般にかかわる契りの深さというものも、あわせて日常平凡の事実を通して考える必要がある。でなければ、そうした民族社会を踏まえて成立した近代の国民国家と個人との間柄、国民の社会と文化のありかたを、正しく把握できないと考えられる。

明日香村の水口《みなくち》祭

　この章の扉写真は、奈良県高市郡明日香村の水口祭で、昭和四十四年の五月、橘寺の東門を出たところで写したが、背景にみえる白いコンクリートの建物は、明日香村の役場と、ガソリンスタンドである。

　畝傍山の東、耳成山の南、橿原市から高市郡一帯にかけての飛鳥地方も、いまでは大阪への通勤圏に入って、橿原の市域などは宅地造成と工場建設の波をまともにかぶり、由緒ある田園風景は急速に消えつつある。これに比べて明日香村は、少し奥まっているのと、さまざまな人の努力もあって、『万葉集』に歌われて以来の自然のたたずまいも、それなりに残っているが、ここも今では個人の善意や努力に頼るだけでは開発の波を押えきれなくなったといわれ、国や自治体の手で自然や景観保存の策が実施されることになった。しかし、この事業が軌道に乗り、完成すると、この村でいままで手を加えずに放置されてきたから残ったようなもの、扉写真のように、毎年五月のはじめの八十八夜のころ、苗代だてにあたって田の神に豊作を祈り、苗代の水口に花を供え、お札を立てるような、農業と結びついた村の人の伝統的な気風とか生活習俗、信仰といったものが大きな影響をうけ、表面から姿を消しはじめるのではなかろうか。

矛盾した話であるが、飛鳥一帯に保たれている史跡と自然の美しい調和の乱されるのをおしみ、これを明日香村のなかだけでも残そうとして多額の資金が導入されると、大和国《くん》中《なか》盆地の典型的な農村として存在してきたこの村のたたずまいを、内面から支えてきたものに大きな打撃をあたえるだろう。どのような史跡や景観保存の措置も、村の人の生活を不当に抑圧できないし、村の人が今後どのような生業に従うかも、個人の自由である。そのため、農業という村の人たちの今までの伝統的な生業のありかたに密着して伝えられた習俗が消滅しても、ことは自然のなりゆきというほかない。

今日さまざまな形で考えられている史跡公園化のプランなども、多額の予算措置をともなう以上、必然的に内部に都市化の要因をはらみ、古くからの土着の習俗を破壊する機能を本来的にもっている。国や自治体の予算さえあれば文化財の保護ができると考えるのは、万事がお金の世の中に馴らされた浅はかな早計にすぎない。埋蔵文化財のようにこの世での生命を終えて地中で眠ってきたもの、芸術としてそれ自身で独立した価値をもつ美術品や建築物、すでに使われなくなった民家や民具の類ならば、お金で保存することもできる。だが、現実に生きているものを買って凍結することは許されないし、世の中にはお金をかけることで破壊されるもののあることを知らねばならない。

もちろん、このようにいっても、庶民の平凡な日常生活のなかで伝えられた昔からの習俗や信仰が、具体的に発現する場と形式を失って消滅するのを、単純な懐古趣味でおしんでいるつもりは毛頭ない。とくに明日香村のばあい、無秩序、無制限の開発と俗化がおし寄せ、手をこまぬいてすべての失われるのをみておれないとすれば、史跡公園化などは妥協の策であれ、私たちの手に残された唯一の手段かもしれない。けれども、このことは、けっして無反省になされてはならないと思う。二六三頁の写真のような苗代の水口祭は、全国いたるところの農村でなされてきたものの一例として、明日香村にも伝えられたものである。これに対してこの村にある多くの史跡と、それを包んでいる自然の景観は、この村にしかない、かけがえのない唯一のものである。このことから、ここに一つしかないものを破壊から守るため、水口祭のように、類似の例がどこにでもあるものは衰滅してもやむをえないという、史跡公園化肯定の論理もなりたつわけである。

しかし、それと同時に、この世に一つしかないものと、無数に例のあるものとは、そもそも歴史のもつ二つの相であり、この両者があい寄り、あい助けて、真実の歴史の姿を伝

花笠も笹竹も、神を迎えるためのものである。京都府亀岡市千歳町、丹波一ノ宮の出雲大神宮の花笠踊り。

えていることに留意されねばならない。飛鳥の風物が訪れる人にあたえる感銘は、この地が七世紀、推古朝から大化改新を経て天武・持統朝にいたるまでの、日本古代史の主要な舞台であり、初期万葉の秀歌に示されるとおり、この地にはじめて宮廷文化の華が開いたという歴史の重さによっている。それらはいずれも一度かぎりのこととして千三百年も前に生起し、古代国家完成のため、飛鳥貴族を主役としてなされた二度とくり返されることのないドラマであった。その一方、明日香村の現在の田園風景と農家の営みのなかには、水口の花のようにおそらく私たちの祖先が水稲耕作をはじめてこのかた、いつのときも、どこの村でも、つねに豊作をねがって無限にくりかえしてきた儀礼や習俗のなかから成立し、展開してきたものが、空気や水のようにあらゆる場所に遍満し、自在に所在している。

一度かぎりの、二度と生起することのない優れて個性的な歴史的事実や事件の跡、それを包み、その場所でしかみられない自然の景観は、他と隔絶したそれ自身の力だけで私たちに訴える力をもっている。そうした場所が特に区画されて史跡に指定され、保存措置のなされるゆえんである。だが、私たちは「国の真秀《まほ》ろば」と讃えられた大和国中《くんなか》盆地の農村にあって、苗代の水口の花のように、村人の平凡な日常の営みのなかで無限にくりかえされてきたものをみるとき、おなじ国土に生をうけ、おなじく平凡な日常をすごす一人として、無限の親しみを感じないではいられない。このような歴史の連帯と連続の相に支えられて、この地に刻まれた過去の事実と、その記念物に接するからこそ、私たちの感銘はいちだんと深められるのではなかろうか。外国の古代遺跡と、飛鳥の遺跡群とが現在の私たちに対して有している意味に違いがあるとすれば、その根拠のなかには上記のことがあるだろう。

したがって、以上のようにみると、ことはかならずしも飛鳥地方とか明日香村の問題だけではなくなってくる。史跡とか史的景観破壊の危機は、単に飛鳥地方だけでなく、それこそ全国いたるところで、それぞれの理由と条件のもとに頻発しているが、それと同時に、そうした史跡や景観のすべてを含めて、私たちがこの国の歴史の総体を自分自身の問題として、時間的、空間的な断絶と位相の違いを越えた連帯の相でとらえるための、共通の足場を確かめあうものが、都市化の波のなかで全国的に変形され、姿を消そうとしている。私たちの日常の原点というべき近代以前からの土着の生活文化は、毎日、毎年、確実に過去のものになっているし、明治以後の近代の国家と社会、その文化は、自ら出発点としているものを蹂躙し、自分の生みの親であるものを正しく見ようとするものの目をくもらせ、自らの出自の由来を抹消することをもって進歩と心得てきたきらいがある。これは近代というものが共通にもっている特質かもしれないが、私たちはそうした近代を再検討するためにも、ほかならぬ私たちの近代が出発点としているものを発掘し、もとは村ごとの、あるいは町場における土着の生活に根ざしていたさまざまな民俗が、第二次、第三次の変形を余儀なくされて生活の背後に隠れる以前に、あるいは産業化の波にさらされて、今よりももっともっと隠微な形をとる以前に、その本意を今まで以上に明らかにしておく必要がある。

近代のもっている病弊の部分も、しだいにあらわになりはじめた明治の末年以来、柳田国男氏によって礎石の据えられた日本民俗学は、以上の意味で民俗のこころを明らかにすることを、主要な目的のひとつにしてきた学問であると思う。

あとがき

本書の執筆の過程で、「日本人の深部構造」といった副題をつけたらどうかという御意見を、編集者の方からいただいた。

民俗の研究ということを客観的にみるばあい、こういう表題を考えられるのは、理由のあることと思う。じっさいに行なわれている各種の習俗のなかに、私たち日本人の本性というか、民族の文化の根幹にあるものを考えることは、日本人の深部構造を探るという言葉で表現してもよいからである。

しかし、研究するものの立場からすると、その方法は二つに分けられる。その一つは、広い国際的視野のもと、他民族との比較のなかで日本と日本人を考えるやりかたであり、国民ひとりひとりの視野の広まった現在では、この種の議論は専門家だけでなく、広い裾野をもって論じられている。明治以来、欧米列強に追付こうと懸命に努力してきた日本人にとって、とくに欧米諸国との比較は、百年来、習い性になってきたともいえる。

だが、私たちは、行住坐臥、いつも外国と比較して日本人であることを意識して生活しているかというと、けっしてそうではない。私たちは、平素、家庭のなかでは自分の苗字を意識することはない。そればかりか、お父ちゃんとかお母ちゃん、兄さん、姉さん、オマエ、キミ、アナタなど、こうしたよび名や二人称代名詞でことをすまし、名前さえ意識しないことがある。家の外、世間に出なければ、苗字などは必要のないものである。おなじように、現在、国際的交流がどれほど頻繁になっても、自分が日本人であることを生活の実感をもって知る機会のある人は、やはり選ばれた少数者である。多くの庶民は、家のなかでオマエ、アナタとよびあっているように、ことさら自分は日本人と思うことなく、その日をすごしている。

とすると、私たちが私たち自身のありかたを反省しようとするとき、こうした庶民の平凡な日常を、その次元と立場において共感をもってみつめることも、ひとつの学問的立場でありうる。他国や他民族のことを意識しないということは、その余裕がないというか、必要のないほど平凡な、平常の生活意識を、その内側から自分自身のこととして考えなおそうとすることで、けっして偏狭な夜郎自大の国粋主義だからではない。外国の事例を念頭に置きながら、なおかつ、それを正面に据えないで、ひたすら問題を自分たちのことにかぎり、思いをそのなかに沈潜させて行くのが、柳田国男氏によって礎石の置かれた日本民俗学のありかたと思う。この書の表題にことさら「日本人」というのを避けたのも、このことにもとづいている。

勤務先の京都女子大学で、民俗学の講義を担当して十数年になる。以前は、さまざまな習俗を紹介しても、たいてい学生諸君も承知していて、たいした注釈なしにそれのもつ問題を考えることができた。それが現在では、正月や盆の行事のひとつひとつを、最初から説明しなければならない。そのため、毎年、テーマを定めてノートを作るが、学生諸君に問題の所在のわかってもらえるよう、他人事ではなく、自分自身にかかわりのあることとして考えてもらえるよう、前もって工夫しなければならないことが多くなった。本書は、そうしてつくってきたノートのうち、相互に関連があり、学生諸君も興味をもって聞いてくれたものをまとめたものである。その意味では、学生諸君との合作ともいえる。

ノートをまとめたものとはいえ、遅筆の筆者をはげまして書物にしていただいた朝日新聞社出版局大阪編集部の方々に、心からお礼を申したい。また、四月から新しいノートをつくるために、読者の方々の忌憚のない御批評がいただけたら幸いである。

昭和四十七年三月五日

著者

解説　「ワタクシ」のゆくえ――「平凡な日常」の探究

夏目琢史

本書『民俗のこころ』は、民俗学者である高取正男の初めての単著である。宗教家で哲学者の橋本峰雄との共著『宗教以前』（ちくま学芸文庫、二〇一一年〈初出一九六八年〉）などをすでに発表していた著者は、本書において自らのフィールドワークの成果をもとに、失われた近代以前の生活文化を追究していく。のちに著者は『日本的思考の原型』、『神道の成立』などの名著を生み出すが、本書はそのベースとなる記念碑的業績であるとともに、不朽の名作の一つといえよう。ここでは、まず著者の立脚点を確認したうえで、本書で展開されている「ワタクシの論理」について考えてみたい。

一　著者の立脚点――「近代化」する社会

本書が発表されたのは、昭和四七（一九七二）年のことである。時代はまさに高度経済成長期、田中角栄の「列島改造論」が発表されたのもこの年であった（ただし本書の出版のほうが早い）。東京五輪（一九六四年）、大阪万博（一九七〇年）も終わり、列島の各地に高速道路や新幹線も一通り整備された。まさに勢いに満ちた時代であった。一方でこうした成長は、日本人の伝統的な生活を徐々に解体させていくことをも意味していた。本書において著者が「社会がこれほど近代化し、産業化してしまった現在」（一〇頁、傍点＝筆者〈以下同〉）、「経済の高度成長ということがいいはやされる以前」（一一頁）などと表現するのは危機感のあらわれであろう。著者の「近代」に対する視線はじつに冷ややかである。

> 私たちは明治以来、外圧に抗して自ら近代をつくりだし、あるいはつくりだそうとつねに努力してきたと自負している。だが、私たちのなかには近代以前から持越してきたものがいっぱいあるうえ、自身でつくりだしたつもりの「近代」に飼育され、飼いならされていることも、率直に認めねばならない。（四六〜四七頁）

たしかに民俗学者である著者が、「近代」に対して批判的になるのは無理もない。交通網の整備やテレビの普及などによって、社会が平準化していくなかでの民俗調査は難しい。しかしそれは一方で、研究者の腕の見せ所でもある。「現行の民俗」を研究対象とする民俗学は、質問者の力量が大きく結果を左右する。そのため「研究するものに自己鍛錬をたえず要求し、人間と、その生活の歴史というものに、眼を開かせる重要な力として作用する」（一〇頁）という。こうしたハードルを自らに課した著者は、本書において「民俗のこころ」なるものをじっくりと探究していく。

本書のねらいは、近代とそれ以前の「断層」を浮き彫りにし、近代以前の日本の日常の姿を解明しようとするところにある。一九七〇年代の日本に生きる著者は、自らの経験を「内省」しつつ、近代以前の世界を考察していく。著者は次のように言う。

> 私たちは、近年、経済の高度成長とよばれる状況のなかで、従来の国鉄に対する新幹線とか、一般国道に対する高速自動車道の開通という事態を体験した。その実感をたいせつに持ち、そのうえで明治中期に進展した交通事情の変動をふりかえってみると、ことはけっして他人事ではなくなる。その実態は忘れられているけれど、断片的な話を集めてみると、私たちの日常的な生活文化のなかで、近代以前と近代とをわける断層は、このときをもって創りだされはじめたことがうかがわれ、日常の原点をさぐる作業は、これを踏まえてなされる必要のあることが知られる。（三六頁）

これぞ、まさに、「内省の学としての民俗学」の姿勢といえよう。このように近代以前の「日常の原点をさぐる」ことを試みる著者にとって、時代をどのように捉えるかは、とても大切である。よく民俗学は絶対年代を軽視すると批判されることがある。しかし当然ながら、個々の人びとのふつうの生活において、一般的な時代区分が重要だとはかぎらない。私たちの人生の転機は、歴史的な事件とは別の次元にある。結婚や出産、あるいは通勤・通学の駅または道路の新設など、日常の生活世界の転機は、それぞれによって異なる。もちろん「維新後」「戦後」「コロナ前」などと呼ばれるように、私たちにある程度共有される時代の認識もある。しかし、社会の変化はもっとゆるやかなものだ。令和に生きる私たちの生活のなかにも、平成や昭和、あるいは明治以前の文化や生活様式が混在している。よって客観的な年次よりも、個々人の主観的な感覚のほうが、日常を正しくとらえている場合もある。本書で、杉本鉞子の『武士の娘』が紹介されているのも、そのためであろう。明治六年に越後長岡藩の家老の家に生まれ、アメリカでの生活も経験した鉞子の存在は、「近代以前と近代とをわける断層」を探るうえで貴重な証言である。著者は彼女の視点を通し、当時の一般的な武士の家庭における伝統意識や宗教意識などとともに、生活の変化を浮き彫りにしようと試みている。また本書では、夏目漱石の『三四郎』（前著『宗教以前』にも用いられている）や徳富蘆花、島崎藤村などの文学作品にも触れられている。こうした工夫は、「近代」以前の失われた日常について知るヒントを私たちに伝えてくれている。これまた本書の魅力のひとつである。

二　「ワタクシの論理」の可能性

ただ何と言っても、本書の魅力は「ワタクシの論理」の考察にある。きっかけは、まさに、私たちの日常生活のなかにある。

たとえば、「ぼくのお茶碗」「わたしのお箸」などといい、枕などについても同様であるが、日本ではどの家庭でも子供が赤ん坊の段階をすぎ、幼児の段階に進みはじめると、ひとりで食事したり寝るようになる以前に、その子のために専用の食器や寝具を用意してやるのがふつうである。（九二頁）

一般的に、日本では、西洋のように個室といったものはなく、すべてにわたって個人のプライバシーというものが無視されてきた、と考えられている。しかし、食器や枕は個人専用であるという意識が、西洋に比べて明らかに強い。しかもこれは「近代的な自我の成立する以前に存在した個人意識」である。「個人用の食器や寝具類が不可侵のものとされてきたのも、それらが使用主の霊魂の形代であり、その分身が宿っているとみなされたから」（一〇一頁）であり、それはまさに「ワタクシの霊性」と呼ぶにふさわしい。

このユニークな考え方は、日本社会の様々な問題を考えるうえで示唆的である。たとえば日本の組織の在り方についてもこれは当てはまる。「日本型組織における個々の成員の自立性」に注目した笠谷和比古氏は、近世の武士社会における「持分」的原理としての「個」の自立性を指摘した（『士（サムライ）の思想』ちくま学芸文庫、二〇一六年、一〇五～一一八頁）。これなどはまさに「ワタクシの霊性」との関連で考えるとおもしろい。最近では所有することよりも共有（シェア）することに意義を見出す傾向もあるというが、それでも「私の茶碗」というような感覚は、かなり残っている。実際、自分の使っている茶碗が割れたときなどは不吉な感じがする。イベント会場などで、自分のハンカチやタオルで席取りをしている姿などもこの影響であろうか……。

なお、著者の分析がとても興味深いのは〝「ワタクシ」が否定された場合どうなるのか？〟ということを突き詰めて考えているところである。そこに明治期の母子心中の問題や「宗教への離陸」を見出した著書は、次のようにまとめている。

> 個々人のもつかけがえのない「ワタクシ」は、かつては帰属すべき「オオヤケ」、諸共同体にことの正確な意味で依存し、群れの一員として禁忌という共同の信仰にまもられ、安住する場所を見出すことができた。近代とはそうした掩護物を容赦なくとりはらう時代であり、その後、個々の「ワタクシ」が十分な準備もなしに裸のまま冷たい世間の風

にあたるとき、そのいちばん弱い部分に母子心中が多発し、今日もそれがつづいている。（二四九頁）

……鬱屈した個々の「ワタクシ」は、近代的自我とちがって自身で自立するものでない以上、つねに所属する現世の共同体を超えるなんらかの聖なる地点をえらび、そこでの燃焼にすべてを賭けざるをえない構造をもっている。（二〇〇頁）

こうした視点は、日本社会・文化を考察するうえで、とても重要である。日常を失った「ワタクシ」は、居場所を失い、彷徨う。右の引用文にある「今日もそれがつづいている」というのは、もちろん本書発表の一九七二年頃を指しているが、「無縁社会」などという語が登場した現代社会において、なお一層に、それは深刻だ。孤立や孤独の問題は、「ワタクシ」の否定と基本的に同質のものだからである。

では、そもそも「ワタクシの論理」は、どこから生まれてくるのであろうか。著者は、箒の神や竈の神、座敷わらしなど、原始古代以来の私的な「家つきの精霊たち」の存在に注目している。たしかに、日常に使用するモノに精霊（魂）が宿るという感覚は、私たちのなかに深く根づいている。そして、もうひとつの理由としては、この「ワタクシ」が、近代的な自我とは異なり、共同体と不可分の関係にあることが影響してそうだ。

個人用の食器とか寝具というのは、近代以前の社会におけるこのようにきびしい家族の共同生活、いつも飢饉の襲来を念頭において食糧の備蓄につとめ、乏しきを分けあった生活のなかで、なおかつ個人のもの、ワタクシとして主張され、その存在を公認されてきたものである。(九九頁)

つまり、茶碗や枕は、家内における自分の存在(居場所)を象徴するものである。通常、私たちは自分たちのことを称するとき、「ボク」「オレ」「ワタシ」などを用い、「ワタクシ」とは言わない。「ワタクシ」は丁寧語であり、相手に対して配慮をともなう場面などで使う。つまり「ワタクシ」という言葉自体に、「世間」に対する強い気配りの意識が潜在的に含まれているのである。著者は『日本的思考の原型』(ちくま学芸文庫、二〇二一年、一〇頁)においても「ワタシの茶碗」の話を紹介している。ただここでは「ワタクシの論理」という表現を用いていない。しかしまさにこの「ワタクシ」という表現にこそ問題の本質がよく示されていると思う。

そもそも「ワタクシ」という言葉には、つねにマイナスのイメージが付きまとう。ふつう「ワタクシする」といえば、独り占めや私物化という意味が想起される。これは近代以前も同様であり、たとえば寛永期の幕府法令のなかにも「私の奢《おごり》」を禁止する文言がみえる。「ワタクシ」は、「オオヤケ」と対立するはずのものであるが、よくよく考えてみると、

「オオヤケ」あってこその「ワタクシ」である。この関係性は、理屈では説明しにくい。「ワタクシの霊性」は、「近代的な自我とちがって簡単に言葉にならず、理屈でも表現できない、ないしは理屈とか論理以前の、もっと根源的な人間の心のもちかたの直截な発現」（九九頁）と、著者自身が述べている通りである。そもそも「「ワタクシの霊性」とよぶべきものの問題は、人間のもっとも根源的なありかたに直接かかわっている」（一一八頁）ため、そう簡単には説明できない次元のものである。そういえば、かつて歴史学者の網野善彦は、日本中世の「無縁」という語に「原始の自由」を見出す無縁論を提唱したが、これも「ワタクシ」との関係で考えると興味深い。共同体から縁を切られ、「無縁」となった「ワタクシ」は、様々な反応をもたらす。一見すると正反対にみえる「無縁」と「ワタクシ」は、「人間のもっとも根源的なありかたに直接かかわっている」という部分において、はげしく共鳴し合っている。

三 「ワタクシ」のゆくえ——現代社会への警鐘

さてここまで本書に示された「ワタクシの論理」について見てきた。本書が発表されてからすでに半世紀以上の月日が流れているが、先にも少し触れたように、本書の「ワタクシ」（「近代的な自我の成立する以前に存在した個人意識」）は、今日の社会を考えるうえでも重要な意味をもっている。ここでは、近現代における「ワタクシ」のゆくえを少し追ってみることによう。

まずは「ワタクシの霊性」をもつ個人が、異文化と接触したとき、どのような反応を生み出すのであろうか。本書で紹介されている杉本鉞子の『武士の娘』を手掛かりに考えてみたい。鉞子が「自由」の精神を見出したのは、学校の庭であった。当時の校長先生が運動場の一部を区切って、生徒に一区画ずつ受け持たせ、花の種子も用意してくれたという。

すくすくと自由にのびた木々や、茫々と茂りあった雑草に心ひかれていた私は、この新しい土を与えられて、個人の権威というようなものを感じました。伝統を破ることもなく、家名をけがすこともなく、親や師の心をいためることもなく、世界中の何ものをも損なうことなく、私は自由自在に行動できるのでありました。(杉本鉞子著/大岩美代訳『武士の娘』ちくま文庫、一九九四年、一六二頁)

もちろん、ここで鉞子が学校の庭に見出した「個人の権威」や「自由」は、プライバシーとは意味が異なる。それは、あくまで、学校のなかでの「自由」であり、いわば「オオヤケ」のなかに認められた「ワタクシ」である。また、鉞子は渡米してアメリカの生活に馴染んだころ、アメリカでの生活との比較から、日本人の日々の生活についてあらためて自覚する。

結局、日本人というのは、感情を出さない国民です。ごく最近まで、良家の子女は、強い感情を抑えることを、その心にも生活にも仕込まれて参りました。今では、以前よりずっと自由になりましたが、まだまだ過去の教育の影響をうけているものを、美術や文学や、日々の生活のうちに、しばしば見出します。(『武士の娘』一三三頁)

鉞子が指摘するように、感情を表に出さないことを美徳とする考えは、日本人の思考様式に深く組み込まれている。そこには、あらゆる世間に対する気配りや思いやりがある(それが、ときに、重みとなる……)。「ワタクシの論理」も同様で、たとえそれが「平凡な日常の行為そのものに潜む霊力」にもとづくとしても、一方で、家族成員に対する気配りの心によって支えられていることもまた事実であろう。

こう考えると、「空気を読む」や「承認欲求」「同調圧力」などという現代的な問題についても、「ワタクシの論理」との関連で考えてみたくなる。現代の若者は「見られているかもしれない」ということではなく、「見られていないかもしれない」ということに不安を感じるというが(土井隆義『友だち地獄』ちくま新書、二〇〇八年、一三四頁)、「ワタクシ」は、まさにこうした人間関係のなかにも見いだされる。それでは、「ワタクシ」なるものが否定された場合、居場所を失った現代の「ワタクシ」は、どこを彷徨うことになるのだろうか。「個々の「ワタクシ」が十分な準備もなしに裸のまま冷たい世間の風にあたるとき、そのいちばん弱い部分に母子心中が多発し、今日もそれがつづいている。」(二四九頁)という著者の言葉が、私たちにも、ふたたび重くのしかかってくる。

さて、本書を考えるうえで、もう一つ忘れてはならないのが、「日常生活の内省」という視点である。著者は次のようにいう。

……かつてさまざまな共同体のなかでのみ生きた人たちが、なにかのはずみで共同体から脱落し、疎外され、あるいは戦争や飢饉、流行病などに直面したときの、極限の位相というべきものを中心に考えてみた。しかし、民俗の学問のもつべき課題は、けっしてこういう段階にとどまってはならない。

もともと諸共同体の成員が個々に保持した「ワタクシ」、近代的自我の成立する以前から存在し、今日のわれわれの自意識の根底に伝承しているところの、人間個人をめぐる伝来の感情とか、共同体内での個人生活の本質構造を考えようとする場合にも、私たちが中心に据えるべきものは、他の問題と同様にあくまで日常生活の内省であり、そのための作業である。〈中略〉平凡な日々の生活のなかにこそ、私たちのもっとも大切にすべきもの、いつの時代にも社会文化の基層を分厚く築いてきた一般庶民の保持してきたものが、めだたないけれども、それだけ本然の姿で、正負のいずれの方向にも誇張されないかたちで存在してきたと考えるからである。(二〇二頁)

ここでの「平凡な日々の生活のなかにこそ、私たちのもっとも大切にすべきもの」があるという信念は、とても重要である。変化の激しい現代社会において、民俗学が当初めざしていた「現在のわれわれは一体どこから出発したのかという問いかけ」は、一見すると、不毛なように思われる。しかし、私たちの「平凡な日常」は続いていく。そしてそのなかには、私たちが先祖から引き継いできた、「私たちのもっとも大切にすべきもの」が、隠されているはずである。著者は、「あとがき」で「庶民の平凡な日常を、その次元と立場において共感をもってみつめることも、ひとつの学問的立場でありうる」と強調する。とかく、自分とは何かを見失いがちな現代においてこそ、「内省の学としての民俗学」が必要なのであろう。さて、私はいま、「コロナ禍」が一段落し、ほぼ「日常を取り戻した」といわれる令和五年(二〇二三年)の夏のなかにいる。私たちの経験した「日常」の「変転」をきっかけに、いまふたたび「民俗のこころ」について「内省」してみるべきではないか。

(なつめ・たくみ、日本近世史)

本書は朝日新聞社より一九七二年に刊行された『民俗のこころ』を文庫化したものである。

増補 死者の救済史　池上良正

未練を残しこの世を去った者に、日本人はどう向き合ってきたか。民衆宗教史の視点からその宗教観・死生観を問い直す。「靖国信仰の個人性」を増補。

神話学入門　大林太良

神話研究の系譜を辿りつつ、民族・文化との関係を解明し、解釈に関する幾つもの視点、神話の分類、類話の分布などについても詳述する。（山田仁史）

アイヌ歳時記　萱野茂

アイヌ文化とはどのようなものか。その四季の暮らしをたどりながら、食文化、習俗、神話・伝承、世界観などを幅広く紹介する。（北原次郎太）

異人論　小松和彦

「異人殺し」のフォークロアの解析を通し、隠蔽され続けてきた日本文化の「闇」の領野を透視する。新しい民俗学誕生を告げる書。（中沢新一）

聴耳草紙　佐々木喜善

昔話発掘の先駆者として「日本のグリム」とも呼ばれる著者の代表作。故郷・遠野の昔話を語り口を生かして綴った一八三篇。（益田勝実／石井正己）

民間信仰　桜井徳太郎

民衆の日常生活に息づく信仰現象や怪異の正体とは？　柳田門下最後の民俗学者が、日本人の暮らしの奥に潜むものを生き生きと活写。（岩本通弥）

差別語からはいる言語学入門　田中克彦

サベツと呼ばれる現象をきっかけに、ことばというものの本質をするどく追究。誰もが生きやすい社会を構築するための、言語学入門！（礫川全次）

汚穢と禁忌　メアリ・ダグラス　塚本利明訳

穢れや不浄を通し、秩序や無秩序、存在と非存在、生と死などの構造を解明。その文化のもつ体系的宇宙観に丹念に迫る古典的名著。（中沢新一）

宗教以前　高取正男　橋本峰雄

日本人の魂の救済はいかにして実現されうるのか。民俗の古層を訪ね、今日的な宗教のあり方を指し示す、幻の名著。（阿満利麿）

ちくま学芸文庫

民俗《みんぞく》のこころ

二〇二三年十月十日　第一刷発行

著　者　高取正男（たかとり・まさお）

発行者　喜入冬子

発行所　株式会社　筑摩書房

東京都台東区蔵前二―五―三　〒一一一―八七五五

電話番号　〇三―五六八七―二六〇一（代表）

装幀者　安野光雅

印刷所　株式会社精興社

製本所　株式会社積信堂

ISBN978-4-480-51209-3 C0121